＼改正入管法対応／

外国人材受入れ ガイドブック

高度人材　技能実習　特定技能

弁護士 杉田 昌平 著

ぎょうせい

はしがき

　2019年4月1日より「出入国管理及び難民認定法及び法務省設置法の一部を改正する法律」が施行され、新しい出入国管理及び難民認定法（入管法）での外国人材の受け入れが開始された。今後、日本では少子高齢化を背景に、産業を担う働き手が不足することが予想されている。今回の入管法改正も、この深刻な働き手不足が背景にある。この「働き手不足」の一つの対応策が「外国人材の受け入れ」なのだと思う。

　「働き手不足」という問題は、一朝一夕では解決できる問題ではない。そのため、今後、日本では「外国人材の受け入れ」は増加することが容易に予想できる。

　本書は、「外国人材の受け入れ」に関係する企業や団体の担当者、専門家等に、制度の骨子を簡潔にお伝えすることを目的に執筆したものである。しかし、このような大役が浅学非才の私に務まるものではなく、本書の中でも至らぬ点が多くあるものと思う。

　そのような身でありながら本書を執筆したのは、私自身が2015年6月から2017年8月までベトナム・ハノイで「外国人材」として勤務したことがきっかけである。私はこの2年2ヶ月の間、ベトナムの国立大学で大学教員として勤務した。赴任当初はベトナム語を全く話すことができずに、非常に心細い思いをした。そのとき、家を借りるための内覧、携帯電話の契約、銀行口座の開設等に同行してくれた同僚や教え子には今でも感謝しているし、とても心強かった。

　このような同僚や教え子が私にしてくれた支援は、改正入管法の特定技能制度の中でも重なる部分がある。本書を通じて、自分が「外国人材」のときに受けた恩を、日本で「外国人材」として働く人に返すことができれば、望外の喜びである。

　本書の執筆にあたり、株式会社ぎょうせいの担当者のみなさんに大変お世話になった。あらためて感謝申し上げる。

　最後に、休日を一緒に過ごすことができないことに文句を言わずに本書の執筆に専念させてくれた妻、長男（5歳）そして長女（3歳）にもお礼を言いたい。自分の子供たちが働く世代となったときに、日本の社会が本当に多様な人材を受け入れることができる社会になっていることを期待する。

　2019年4月

弁護士　杉田昌平

凡　例

本文中に用いた法令等は、次の略語を用いた。

入管法	出入国管理及び難民認定法（昭和26年政令第319号）
改正入管法	「出入国管理及び難民認定法及び法務省設置法の一部を改正する法律」（平成30年法律第102号）
入管法施行規則	出入国管理及び難民認定法施行規則（昭和56年法務省令第54号）
技能実習法	外国人の技能実習の適正な実施及び技能実習生の保護に関する法律（平成28年法律第89号）
技能実習法施行規則	外国人の技能実習の適正な実施及び技能実習生の保護に関する法律施行規則（平成28年法務省・厚生労働省令第3号）
上陸許可基準	出入国管理及び難民認定法第七条第一項第二号の基準を定める省令（平成2年法務省令第16号）
変更基準省令	出入国管理及び難民認定法第二十条の二第二項の基準を定める省令（平成21年法務省令第51号）
高度専門職省令	出入国管理及び難民認定法別表第一の二の表の高度専門職の項の下欄の基準を定める省令（平成26年法務省令第37号）
特定技能基準省令	特定技能雇用契約及び1号特定技能外国人支援計画の基準等を定める省令（平成31年法務省令第5号）
分野省令	出入国管理及び難民認定法別表第一の二の表の特定技能の項の下欄に規定する産業上の分野等を定める省令（平成31年法務省令第6号）
特定活動告示	出入国管理及び難民認定法第七条第一項第二号の規定に基づき同法別表第一の五の表の下欄に掲げる活動を定める件（平成2年法務省告示第131号）
高度人材告示	出入国管理及び難民認定法第七条第一項第二号の規定に基づき高度人材外国人等に係る同法別表第一の五の表の下欄に掲げる活動を定める件（平成24年法務省告示第126号）
基本方針	特定技能の在留資格に係る制度の運用に関する基本方針（平成30年12月25日閣議決定）
分野別運用方針	特定技能の在留資格に係る制度の運用に関する方針（平成30年12月25日閣議決定）
分野別運用要領	特定技能の在留資格に係る制度の運用に関する方針に係る運用

	要領（平成30年12月25日）
総合的対応策	外国人材の受入れ・共生のための総合的対応策（平成30年12月25日）
技能実習運用要領	技能実習制度運用要領（平成30年6月版）
特定技能運用要領	特定技能外国人受入れに関する運用要領（平成31年3月版）
審査要領	入国・在留審査要領（法務省入国管理局）

目　次

第1　はじめに　　1

1　入管法の改正……………………………………………………………………1
2　外国人の状況……………………………………………………………………1
3　外国人材の状況…………………………………………………………………1
4　外国人材の受け入れにあたって………………………………………………4

第2　外国人材受入れ制度の変更と背景　　5

1　少子高齢化と人材不足…………………………………………………………5
2　政府での検討……………………………………………………………………6
3　改正入管法のスタート…………………………………………………………7

第3　外国人材受入れに関する法令　　10

1　はじめに…………………………………………………………………………10
2　出入国に関連する重要法令……………………………………………………10
3　労働関係・社会保険関係法令…………………………………………………11
4　法の執行や摘発の状況…………………………………………………………12
　(1)　現　状　12
　(2)　刑事罰　12
　(3)　行政処分　13
　　ア　改正入管法での権限の強化　13／イ　技能実習法に基づく処分　13
　(4)　今後の対応　16

第4　外国人材受入れのポイント　　17

1　在留資格制度概説………………………………………………………………17
2　在留資格に関する手続…………………………………………………………19
　(1)　海外にいる外国人材を受け入れる方法　19

目　次

　(2)　日本にいる外国人材を受け入れる方法　21
3　外国人材の受け入れと在留資格 ……………………………………………………22
　(1)　高度専門職（1号・2号）　22
　　ア　在留資格の活動内容　23／イ　在留資格の該当基準　24／
　　ウ　在留期間と更新　27／エ　在留資格の特徴　27／オ　立証資料　29
　(2)　技術・人文知識・国際業務　29
　　ア　在留資格の活動内容　30／イ　在留資格の該当基準　31／
　　ウ　在留期間と更新　33／エ　在留資格の特徴　33／オ　立証資料　35
　(3)　特定活動　35
　　ア　在留資格の活動内容について　35／イ　在留資格の該当基準　37／
　　ウ　在留期間と更新　37／エ　在留資格の特徴　37
　(4)　技能実習　37
　　ア　技能実習制度　37／イ　在留資格の活動内容　40／ウ　在留資格の該当基準　41／
　　エ　在留期間と更新　45／オ　在留資格の特徴　45／カ　提出書類　46
　(5)　特定技能　47
　　ア　特定技能制度　47／イ　在留資格の活動内容　61／ウ　在留資格の該当基準　61／
　　エ　在留期間と更新　65／オ　在留資格の特徴　65／カ　立証資料　66

第5　外国人材と労働法令・労働慣行　68

1　外国人材と労働関係・社会保険関係法令 ……………………………………………68
　(1)　労働関係・社会保険関係法令の適用　68
　(2)　外国人特有の論点　68
　　ア　適用法について　68／イ　社会保障について条約が締結された国であるか　69／
　　ウ　法令以外のガイドラインについて　70
　(3)　外国人材と労働関係・社会保険関係法令　71
　　ア　雇入時　71／イ　在職中　72／ウ　退職時　74
2　外国人材と届出 ……………………………………………………………………74
3　外国人材と労働慣行 ………………………………………………………………75
4　外国人材の受入れ体制の整備 ……………………………………………………75

第6　外国人材とコンプライアンス　77

1　点検としてのデューデリジェンス …………………………………………………77

2	確認すべき資料	78
3	リスクのレビューとヒアリング	79
4	調査報告書を活用した受入れ体制の整備	79

第7　共生社会に向けて　80

1	労働力としてではなく人としての受け入れ	80
2	総合的対応策	80
	(1)　総合的対応策関連予算　80	
	(2)　行政に期待される役割　81	
	(3)　企業に期待される役割　81	
3	多様性と活力ある社会へ	81

○移行対象表一覧 … 82
○関係資料一覧 … 90

第1 はじめに

> [ポイント]
> ・来日する外国人は増加し、過去最高となっている。
> ・日本で働く外国人材も増加し、過去最高となっている。

1　入管法の改正

　2019年4月1日より、「出入国管理及び難民認定法及び法務省設置法の一部を改正する法律」が施行され（同法附則1条）、新しい出入国管理及び難民認定法の適用が開始された。

　改正入管法では、「特定技能1号」及び「特定技能2号」という在留資格が新たに設けられ、2019年4月から5年間で、約34万人の外国人[1]の労働者（以下「外国人材」という。）が「特定技能1号」の在留資格で、日本で活動する予定である。「特定技能1号」は、専門的・技術的分野として分類される在留資格とは異なり、産業の現場を支えてくれる外国人材のための在留資格である。この点で、改正入管法は、これまで、外国人材について専門的・技術的分野について受け入れてきた点を変更するもので、大きな制度変更であったと言える。

2　外国人の状況

　2019年現在の日本では、日常生活において街中で外国人を見かけることが多くなっていると感じる方が多いのではないかと思う。その感覚は統計からも正しいと裏付けられている。次の表（図表1）は、日本に在留している外国人の人数の推移をまとめた表である[2]。

　東日本大震災が発生した2011年及び翌年の2012年は減少したが、その後は増加の傾向が顕著である。そして、2018年6月末時点では、263万7,251人の外国人が在留しており、過去最高の数値となっている。

3　外国人材の状況

　では、日本で就労している外国人材の人数はどうか。多くの方は、同様に日常生活の様々な場面で外国人材が活躍している場面を多く見るのではないかと思う。次の表は、日本で働く外国人材の人数の推移を示した表である（図表2）。

---

[1] 入管法2条2号にいう「日本国籍を有しない者」に同じ。
[2] 法務省入国管理局「平成30年6月末現在における在留外国人数について（速報値）」より作成。

第1　はじめに

図表1　外国人在留者数

※法務省HPの資料をもとに筆者が作成

図表2　在留資格別外国人労働者数の推移

出典：厚生労働省「外国人雇用状況の届出状況（平成30年10月末現在）」
注1：【　】内は、前年同期比を示している。
注2：「専門的・技術的分野の在留資格」とは、就労目的で在留が認められるものであり、経営者、技術者、研究者、外国料理の調理師等が該当する。
注3：「身分に基づく在留資格」とは、我が国において有する身分又は地位に基づくものであり、永住者、日系人等が該当する。
注4：「特定活動」とは、法務大臣が個々の外国人について特に指定する活動を行うもの。
注5：「資格外活動」とは、本来の在留目的である活動以外に就労活動を行うもの（原則週28時間以内）であり、留学生のアルバイト等が該当する。

日本で働く外国人材についても、増加の傾向が顕著である。そして、2018年10月末には、2007年に届出が義務化されて以来過去最高を更新し、146万0,463人となった。

　2019年1月時点において、日本で働く日本人の数は就業者数で6,628万人であり、雇用者数で5,953万人である[3]。日本全体で働く人数から見れば、現時点では、雇用者数との割合で見ても2.4％でしかなく、一見重要性が乏しい問題であるようにも思える。しかし、少子高齢化に伴い、今後日本の生産年齢人口は、急激に少なくなることが予想されている。

　他方で、上記の推移のように、外国人材の増加の傾向は顕著であり、この傾向は改正入管法によりさらに加速されることが容易に予想できる。このように、今後、企業が飛躍の原動力となる人材を採用しようとした場合、これまでの日本人のみの採用では難しく、これまでにない多様な人材を確保しなければならない。そして、一部の企業では、すでに国籍に関係なく魅力ある人材の採用を行っている企業もある。

　では、外国人材を受け入れる日本社会の側に目を移したときに、受入れ体制は十分に整っているかというと、残念ながら、そうではないように感じる。次の表は、日本にいる外国人材について、国籍別で人数をまとめた表である（図表3）。

図表3　国籍別外国人労働者の割合

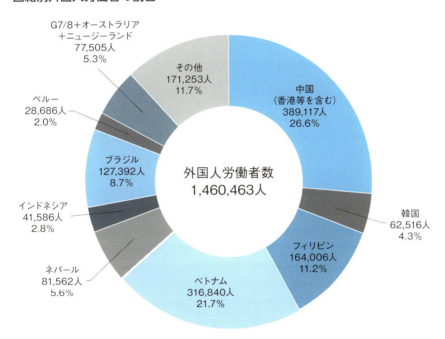

出典：厚生労働省「外国人雇用状況の届出状況（平成30年10月末現在）」

---

[3]　労働力調査（基本集計）　平成31年（2019年）1月分（2019年3月1日公表）

第1　はじめに

　一番多いのは中国籍の人で38万9,117人（26.6％）であり、ベトナム籍が31万6,840人（21.7％）と続く。他方で、先進国とされるG8やオーストラリア・ニュージーランドの国籍を有する人は、17万1,253人で5.3％である。このように、日本で活躍している外国人材の多くは、日本が属するアジアの国から来た人であり、特に東アジア・東南アジアの国籍を有する人が多い。

4　外国人材の受け入れにあたって

　このような外国人材を受け入れることについて、日本の社会は十分に準備ができているかというと、残念ながらそうではないように感じる。もし、外国人材を受け入れるときに、受け入れる側が「外国人材をうまく使おう」、「準日本人だ」等という感覚で受け入れれば、例え才能豊かな人材であっても、活躍することができずに帰国してしまうであろう。外国人材が十分に才能を発揮することができる受入れ体制の整備が必要なのだ。しかし、外国人材の受け入れについての法的手続は複雑な手続だと言えるし、どのようなことを行うのが良いのかについても明確な答えがあるわけではない。

　ところで、私は、2015年6月から2017年8月末まで、ベトナム社会主義共和国ハノイ市に所在するハノイ法科大学というベトナム司法省の監督を受ける大学で、ベトナム人の学生に日本語で日本の法律を教えていた。この点で、私は、ベトナムにおける外国人材であったと言える。

　当時、私は、それほど裕福な条件ではなく赴任したことやベトナム語も十分に話すことができなかったことから、家を借りること、銀行口座を開設すること、携帯電話を契約することといった生活インフラを整えるのでも、不安であったし、困難であった。そのとき助けてくれたのは、ベトナム人の同僚であり、教え子であった。無償の善意で、賃借する家の内覧に同行し、銀行口座の開設方法を教えてくれ、携帯電話の契約を手助けもしてくれた。

　改正入管法で開始される特定技能制度では、「特定技能1号」の在留資格で在留する人に対し、受入企業は「一号特定技能外国人支援」を行う必要がある。そして、この「一号特定技能外国人支援」で行うことが義務づけられていることは、私が、ベトナムで、ベトナム人の同僚・教え子にしてもらったことと同じ内容が規定されている。

　本書では、私が外国人材としてベトナムで助けてもらった経験を踏まえて、受入企業にも外国人材にも望ましい受入れ体制の整備の構築に少しでも貢献することができ、自分がベトナムにいるときにしてもらったことを、本書を通じて少しでも次への恩返しにできればと思っている。

第2 外国人材受入れ制度の変更と背景

[ポイント]
- 現在の日本には、少子高齢化に伴う「働き手の不足」という問題がある。
- 外国人材の受入は、「働き手の不足」という社会問題への一つの解決策と考えられる。
- 少子高齢化に伴う「働き手の不足」への具体的な解決策として、入管法が改正され、新しい在留制度が設けられた。

1 少子高齢化と人材不足

　入管法が改正された背景には、少子高齢化に伴う働き手の不足が背景にある。

　日本の生産年齢人口[4]は、1995年に8,716万人を記録したが[5]、2015年には7,628万人となっている。一方で、総人口は1995年の1億2,557万人から、2015年に1億2,709万人と微増であり、生産年齢人口の減少ほど減少の速度は速くない[6]。このように、総人口に占める生産年齢人口が減少している背景には、少子高齢化が原因としてある。国立社会保障・人口問題研究所「日本の将来推計人口平成29年推計」によれば、出生中位推計の結果を見ると、生産年齢人口は2029年に7,000万人を、2040年に6,000万人を、2056年に5,000万人を割る（同4頁）。

　他方で総人口は、2029年に1億1,199万人、2040年に1億1,092万人、2056年に9,653万人となり、老齢人口は増加し、2029年には3,699万人となり、2040年に3,921万人となり、2056年には3,670万人となる[7]。このように、今後日本は、少子高齢化に伴い、生産年齢人口が減少し続ける一方、人口の減少は緩やかであるという状況により、社会の中における働き手の不足に直面することになる。

　このような働き手の不足に対応する対応策の一つとして考えられるのが外国人材の受入れである。これまで外国人材の受け入れは、経済団体から提言がなされていた。次の表（図表4）は、これまで経済団体が行った外国人材の受け入れに対する主な提言とその要旨である。

　経済団体からは、高度な専門性や技術を持つ高度人材の受け入れだけではなく、産業の

---

[4] 15歳～64歳の人口
[5] 国勢調査
[6] 同上
[7] 国立社会保障・人口問題研究所「日本の将来推計人口平成29年推計」81頁

第2　外国人材受入れ制度の変更と背景

現場を支える人材の受け入れについて提言がなされるようになった。このような提言が出てきた背景にも上記の働き手不足の問題がある。

図表4　経済団体の動き

年月日	団体名	タイトル・内容
2016年11月21日	一般社団法人日本経済団体連合会	外国人材受入促進に向けた基本的考え方 「一定の技能を有すると担保し得る客観的な技能評価制度・技能評価基準を満たす外国人材を対象に、日本での就労を目的とする在留資格のあり方を検討すべきである。」[8]
2017年11月16日	日本商工会議所 東京商工会議所	今後の外国人材の受け入れのあり方に関する意見 「今後は、より「開かれた日本」を実現するために、これまでの原則に縛られず、企業の実情や今後のわが国経済を見据えた、より「開かれた受け入れ体制」を構築することが必要」[9]

2　政府での検討

　このような経済団体の提言を受けて、内閣府に設置された経済財政諮問会議（内閣府設置法18条1項）では、2018年2月20日開催された会議において、安倍晋三内閣総理大臣が、新しい在留制度の検討を指示し、政府内での新しい在留制度の検討が開始された。

　これを受けて、専門的・技術的分野における外国人材の受入れに関するタスクフォースでの検討がなされ、その後、2018年6月15日に「経済財政運営と改革の基本方針2018～少子高齢化の克服による持続的な成長経路の実現～」（いわゆる骨太の方針2018）が閣議決定され、その中で、「新たな外国人材の受入れ」（26頁以下）が盛り込まれた。

　そして、2018年7月24日から「外国人材の受入れ・共生に関する関係閣僚会議」が3回行われ、2018年10月12日に開催された同会議第2回において入管法改正の骨子及び「特定技能」の創設が議論された。その後、2018年11月2日に入管法改正法案が国会に提出され、同年12月8日に可決された。

　入管法改正法案が可決されたことを受け、2018年12月25日に同会議第3回が開催され、「基本方針」、「分野別運用方針」及び「総合的対応策」が議論され、同日付で「基本方針」及び「分野別運用方針」が閣議決定された。

　以上の経済財政諮問会議から政府での検討過程をまとめたのが、次の表（図表5）である。

---

[8]　一般社団法人日本経済団体連合会「外国人材受入促進に向けた基本的考え方」9頁（2016年11月21日）
[9]　日本商工会議所・東京商工会議所「今後の外国人材の受け入れのあり方に関する意見～「開かれた日本」の実現に向けた新たな受け入れ策の構築を～」2頁

この一連の政府での検討過程を見てみると、働き手不足が深刻であって、政府として迅速に対応する必要があったものと推察される。

図表5　政府の検討過程

年月日	会議体・内容等
2018年2月20日	経済財政諮問会議 「(3)外国人労働力について」が議事に上がり、内閣総理大臣より新しい在留制度の検討が指示される。
2018年2月23日	第1回専門的・技術的分野における外国人材の受入れに関するタスクフォースの開催
2018年5月29日	第2回専門的・技術的分野における外国人材の受入れに関するタスクフォースの開催 制度案の方向性が示される。
2018年6月15日	「新しい外国人材の受入れ」が盛り込まれた「経済財政運営と改革の基本方針2018」(いわゆる骨太の方針2018)が閣議決定される。
2018年7月24日	第1回外国人材の受入れ・共生に関する関係閣僚会議が開催される。
2018年10月12日	第2回外国人の受入れ・共生に関する閣僚会議が開催され、改正入管法の骨子等が提示される。
2018年12月8日	第197回国会において改正入管法が成立する。
2018年12月25日	第3回外国人の受入れ・共生に関する閣僚会議が開催され、「特定技能の在留資格に係る制度の運用に関する基本方針」、「特定技能の在留資格に係る制度の運用に関する方針」及び「外国人材の受入れ・共生のための総合的対応策」が了承される。

3　改正入管法のスタート

　改正入管法は、2019年4月1日から施行されている（改正入管法附則1条）。改正入管法で大きく変更される点は、「特定技能」という新しい在留資格が設けられる点である。

　これまで、日本の外国人材の受入れは、原則として専門的・技術的分野とされる活動に限られてきた。今回の改正入管法で設けられた「特定技能」は、従来、専門的・技術的分野とされた活動ではない、一定の技能水準を持った外国人材のための在留資格である。これまでの在留資格との関係を図式化すると、次のとおりとなる（図表6）。

　特定技能は、専門的・技術的分野とされる「高度専門職」や「技術・人文知識・国際業務」の在留資格と、技術水準としてはエントリーレベルであり、産業の一番の現場を支えている「技能実習」の間に位置する在留資格となる。このように、改正入管法は、これまで正面から受け入れを行っていなかった分野において、外国人材の受入れを行う点で、大きな改正である。

第2　外国人材受入れ制度の変更と背景

図表6　在留資格の位置づけ

そして、「特定技能」の在留資格の運用については、2018年12月25日に開催された第3回外国人の受入れ・共生に関する閣僚会議において「基本方針」及び、「分野別運用方針」が示され、閣議決定されている（改正入管法2条の3参照）。

もちろん基本方針及び分野別運用方針は重要である。しかし、同時に同会議で了承された「総合的対応策」にも、是非注目していただきたい。総合的対応策は、「外国人材の受入れ・共生のための取組を、政府一丸となって、より強力に、かつ、包括的に推進していくという観点」から策定されている[10]。

そして、共生に向けて個別具体的な施策が126個規定されており、文字通り、関与しない省庁はないものとなっている。また、この取組を実現する裏付けとして平成30（2018）年度補正（2号）予算で61億円、平成31年度予算で150億円が計上されている。

施策の内容については、第6章で説明する。ここでポイントとして指摘したいのは、特定技能制度の開始と同じ時期に総合的対応策が具体的な実現可能性を伴って打ち出されたことである。これは、日本として、本格的に外国人材の受け入れに正面から取り組むことを意味する。そして、実際に、改正入管法の施行だけではなく、例えば日本の大学・大学院の卒業者か修了者で、日本語能力試験N1の保有者に、就労可能な「特定活動」の在留資格を認める制度変更が予定されているなど、特定技能制度以外にも、外国人材が日本で働きやすい制度変更がなされている。

---

10 総合的対応策1頁

このように、改正入管法は、単に、新しい活動を認める在留資格を設けたというだけではなく、同時期に行われる制度変更も併せて考えると、日本が、本格的に労働市場を外国人材に開放し、多文化・共生社会の実現に舵を切った大きな変更であったと言える。

第3 外国人材受入れに関する法令

> [ポイント]
> ・外国人材に関する法令には、①出入国に関連する法令と、②労働関係・社会保険関係法令がある。
> ・外国人材が、日本に在留するための制度を規定しているのが入管法である。
> ・労働関係・社会保険関係法令は外国人材にも、原則として日本人と同様に適用される。
> ・外国人材に関する法令の中には、罰則や行政処分が定められているものがある。

1　はじめに

　外国人材の受け入れに関する法令は、大きく分ければ、①出入国に関連する法令と、②労働関係・社会保険関係法令に分けることができる。

2　出入国に関連する重要法令

　出入国に関連する法令としては、入管法のほか技能実習法や、入管法及び技能実習法の委任を受けた下位法令がある。

　日本国籍の人と比較したときに特徴的なのが、出入国に関連する法令である。日本に在留する外国人材は、原則として入管法で認められた「在留資格」[11]によって在留し、在留資格の範囲で活動する。言い換えれば、日本にいる外国人材は、何らかの在留資格を有する（入管法2条の2第1項）。

　在留資格がなければ、原則として、日本に在留し、就労することはできない。そのため、外国人材にとって在留資格が認められるか否かは重要な論点となる。この「在留資格」の枠組みを規定しているのが入管法であり、在留資格は入管法別表一及び二に規定される。そして、この入管法に規定する在留資格に該当するか否かの基準を定めた省令として「上

---

[11] 一般的には、在留資格のことを「ビザ」と表現していることが多い（例：「就労ビザ」等）。法的には「ビザ」は査証（入管法6条1項参照）のことを意味し、在留資格とは異なる概念である。なお、「査証」の意義について東京地決昭和57年11月30日は「査証は、査証を申請する外国人の所持する旅券が権限ある官憲によつて合法的に発給された正式のものであり、かつ、有効なものであることを確認するとともに、当該外国人の本邦への入国及び滞在が査証に記する条件の下において適当であることを認定する行為である」とする。

陸許可基準」及び「高度専門職省令」があり、この上陸許可基準又は高度専門職省令の要件を満たさない場合、在留資格は付与されない。そのため、実務上、在留資格を得るための手続を行う際に、まず、この基準に適合しているか否かを、検討することになる。

そして、実務的には、法務省に開示請求を行うことによって得られる審査要領に重要な情報が記載されていることも多々ある。どのように在留が認められるか否かが判断されているか、その判断基準も、やはり重要であると言える。

また、日本の産業の現場を支えてくれている重要な人材として技能実習生がいる。技能実習生は、技能実習法で定められた技能実習を行う。そのため、技能実習法も疑いようのない重要な法令である。

改正入管法では、「特定技能」については同法に基本的な事項が、基本方針及び分野別運用方針に実際の中核となる事項が、さらに細かい部分については省令にそれぞれ規定されている。また、解釈や運用を示すものとして、特定技能運用要領が策定されている。

最後に、「特定活動」については、法務大臣の告示によって定めることが可能である（入管法別表一の五）。今回の改正入管法の施行と同じ時期に「特定活動」についても新しい在留資格が設けられる予定である。このように、告示についても把握する必要がある。

これまで見てきたとおり、出入国管理に関係する法令としては、その基本的な枠組みを規定する入管法があり、細かい点を規定するものとして多数の省令が存在し、さらに省内にある審査基準が存在するので、いずれについても把握する必要がある。

こういった複雑な制度になっているため、外国人材の受け入れに際しては、在留資格を専門に扱う弁護士・行政書士とは日頃から接点を持っていることが望ましい。

3　労働関係・社会保険関係法令

外国人材に関する労働関係・社会保険関係法令で、まず押さえておきたいポイントは、日本人に適用のある労働関係法令は、外国人材にも適用がある。そのため「雇用対策法（現・労働施策の総合的な推進並びに労働者の雇用の安定及び職業生活の充実等に関する法律）」、「職業安定法」、「労働者派遣事業の適正な運営の確保及び派遣労働者の保護等に関する法律」、「雇用保険法」、「労働基準法」、「最低賃金法」、「労働安全衛生法」、「労働者災害補償保険法」、「健康保険法」、「厚生年金法」等の労働関係法令及び社会保険関係法令は、日本人と同様に適用がある。

実務上よく聞く事例であるが、手取りの金額が少なくなる等の理由で、社会保険に加入したくないという外国人材からの申し出がなされる例もある。しかし、日本人の場合と同様に、外国人材と受入企業が、合意によって社会保険の適用を免除することはできない。

4 法の執行や摘発の状況

(1) 現　状

　外国人材に関する法の執行や摘発は、今後増加するものと思われる。総合的対応策の中では、「不法滞在者等への対策強化」として、摘発体制の強化や「不法滞在事犯、偽装滞在事犯及び不法就労助長事犯に関与する仲介事業者及び雇用主を積極的に摘発するなど、悪質な仲介事業者及び雇用主に対して厳格な対応を行う。」といった摘発の強化が具体的に規定されている（総合的対応策29頁以下）。

　また、技能実習制度における管理監督体制の強化についても言及されている（同20頁以下）。

　同様の法の執行体制の強化は、入管法改正時の衆議院[12]及び参議院[13]の付帯決議においても示されている。

　特定技能として外国人材に対して間口を広げることと連動し、法の執行や摘発は、今後厳格化していくものと思われる。

(2) 刑事罰

　次に、実際に適用される法規について見ていくこととする。外国人材に関する刑事罰としては、次のような規定がある。

条文	内容
入管法70条1項2号の2 （在留資格等不正取得罪）	【行為】 偽りその他不正の手段により、上陸の許可等を受けて本邦に上陸し、又は第四章第二節の規定による許可を受けた者 【罰則】 三年以下の懲役若しくは禁錮若しくは三百万円以下の罰金に処し、又はその懲役若しくは禁錮及び罰金を併科
入管法74条の6 （営利目的在留資格等不正取得助長罪）	【行為】 営利の目的で第七十条第一項第一号若しくは第二号に規定する行為（以下「不法入国等」という。）又は同項第二号の二に規定する行為の実行を容易にした者 【罰則】 三年以下の懲役若しくは三百万円以下の罰金に処し、又はこれを併科

---

[12] 衆議院「出入国管理及び難民認定法及び法務省設置法の一部を改正する法案に対する付帯決議」第8項及び第9項
[13] 参議院法務委員会「出入国管理及び難民認定法及び法務省設置法の一部を改正する法案に対する付帯決議」第8項

入管法73条の2 (不法就労助長罪等)	【行為】 一　事業活動に関し、外国人に不法就労活動をさせた者 二　外国人に不法就労活動をさせるためにこれを自己の支配下に置いた者 三　業として、外国人に不法就労活動をさせる行為又は前号の行為に関しあつせんした者 【罰則】 三年以下の懲役若しくは三百万円以下の罰金に処し、又はこれを併科

　実際の適用事例として、飲食店を運営する会社が、ベトナムやネパール国籍の留学生11名を、週28時間の法定限度を超えて働かせていたとして、運営会社、店舗統括部長に対し、それぞれが不法就労助長罪にあたるとして、運営会社に50万円、店舗統括部長に30万円の罰金の支払いを命じた事例が報道されている[14]。

　このように、従来のような風俗事業に関与させたといった典型的な事例ではなく、労務管理を適切に行わなかったことによって入管法違反となっている事案についても摘発されており、法適用の厳格化とともに、同種事案は増加するものと思われる。

⑶　行政処分

　次に、行政処分の根拠となる法規とその適用について見ていくこととする。

ア　改正入管法での権限の強化

　改正入管法で特定技能制度が入管法内に規定されたことに伴い、出入国在留管理庁、入国審査官及び入国警備官の権限も強化されている。

　まず、出入国在留管理庁長官は、特定技能の受入機関である「特定技能所属機関」やその役職員に対して報告徴収等を求める権限があり（改正入管法19条の20）、法が定める事項が確保されていない場合には、業務改善命令を出すことができる（改正入管法19条の21第1項）。

　また、入国審査官は、特定技能所属機関や特定技能外国人の受け入れに関係ある場所に立ち入り検査を行うことができる（改正入管法61条の3第2項4号）。また入国警備官についても同様の権限が付与されている（同法61条の3の2第2項5号）。

イ　技能実習法に基づく処分

　他方で、現状、行政処分が下されているものとしては、技能実習法違反によるものがある。

---

[14] 日本経済新聞2017年7月26日付「留学生違法労働、飲食店に罰金刑」

第3　外国人材受入れに関する法令

㋐　認定取消し（技能実習法16条）

　技能実習法16条に基づく技能実習計画の実習認定の取消しについて、処分が出されている事例は、次の表のとおりである。実習認定が取り消された理由としては、技能実習計画に従い技能実習を行わせていなかった事案が最も多い。

　処分が出されている例で注目すべきポイントは、売上約8兆円の自動車製造業という、日本でも有数のコンプライアンス体制が整っていると思われる企業でも、「技能実習計画どおりに必須業務である半自動溶接作業を行わせていなかった」という事象が起きていることである。今後、相当程度の企業で、技能実習法についてのコンプライアンス体制の確保が必要になるように思われる。

処分日	被処分者の業種	処分の内容と理由
2018年7月3日	縫製会社	【処分】 4件の技能実習計画の認定取消し 【理由】 出入国管理及び難民認定法73条の2第1項1号及び同法76条の2の規定に基づき罰金の刑に処せられたため
2018年12月27日	玩具製造・販売業	【処分】 3件の技能実習計画の認定取消し 【理由】 ①実習認定を受けた技能実習計画に従って技能実習を行わせていないこと ②入国後講習期間中に技能実習生に対して業務に従事させたこと ③外国人技能実習機構による実地検査において、虚偽の報告を行ったこと
2018年12月27日	業種不明	【処分】 4件の技能実習計画の認定取消し 【理由】 ①実習認定を受けた技能実習計画に従って技能実習を行わせていないこと ②入国後講習期間中に技能実習生に対して業務に従事させたこと ③技能実習生に対して外国人技能実習機構による実地検査に当たって、虚偽の答弁を行うよう指示したこと
2018年12月27日	撚糸製造業	【処分】 4件の技能実習計画の認定取消し 【理由】 ①実習認定を受けた技能実習計画に従って技能実習を行わせていないこと

		②入国後講習期間中に技能実習生に対して業務に従事させたこと ③技能実習生に対して外国人技能実習機構による実地検査に当たって、虚偽の答弁を行うよう指示したこと ④技能実習法10条8号に該当したこと ⑤外国人技能実習機構の実地検査において、虚偽の報告を行ったこと
2019年1月25日	自動車製造業	【処分】 27件の技能実習計画の認定取消し 【理由】 技能実習計画どおりに必須業務である半自動溶接作業を行わせていなかったこと
2019年1月25日	家電製造業	【処分】 82件の技能実習計画の認定取消し 【理由】 労働基準法違反により罰金30万円に処せられ、刑罰が確定したこと
2019年1月25日	自動車部品製造業	【処分】 24件の技能実習計画の認定取消し 【理由】 労働安全衛生法違反により罰金30万円に処せられ、刑罰が確定したこと
2019年1月25日	鉄筋加工業	【処分】 3件の技能実習計画の認定取消し 【理由】 相続税法違反により懲役1年及び罰金900万円に処せられたこと

(イ) 改善命令（技能実習法15条）

処分日	被処分者の業種	処分の内容と理由
2018年1月25日	自動車製造業	【処分】 1件の技能実習計画の認定に対する改善命令 【理由】 技能実習計画どおりに必須業務である半自動溶接作業を行わせていなかったものであるが、技能実習計画に基づく必須業務を実施する改善の見込みがあり、必須業務の実施の改善及び実習実施者における技能実習の適正な実施を確保する必要がある

第3　外国人材受入れに関する法令

(ウ)　許可の取消し（技能実習法37条1項

処分日	被処分者の業種	処分の内容と理由
2018年12月27日	事業協同組合（監理団体）	【処分】 監理団体の許可の取消し 【理由】 外国人技能実習機構による実地検査において、虚偽の入国後講習実施記録の提出等を行ったこと

⑷　今後の対応

　今後、外国人材に関する法令について法令遵守を徹底することが重要になる。5年以内に出入国又は労働に関する法令に関し不正又は著しく不当な行為をした企業は、改正入管法で開始される特定技能の資格で働く外国人材（改正入管法2条の5第3項、特定技能基準省令2条）も、技能実習の在留資格で働く外国人材（技能実習法10条8号）も、受け入れることができない。

　これは、産業の現場を支えてくれる活力ある人材の受け入れができないことを意味し、既存の技能実習生についても実習の継続が困難となる（技能実習法16条1項3号）。このことは製造業をはじめとした企業にとっては大きな問題で、生産計画にも影響するといってよい。

　このようなリスクを可能な限り低減するためにも、外国人材に関する法令についての法令遵守は、徹底することが必要である。また、外国人材を一定の規模で採用する企業については、採用する以前に、第6章で述べる「デューデリジェンス」を行い、社内の体制を自ら確認してから採用に移る方が望ましいと言える。

第4 外国人材受入れのポイント

[ポイント]
・外国人材は、在留資格で認められた範囲で活動を行うことができる。
・在留資格は、2019年4月時点で、29種類ある。
・外国人材を受け入れる手続は、①外国にいる外国人材か、②日本にいる外国人材かで異なる。
・受け入れる外国人材と、行おうとする活動が、在留資格に該当するか検討する必要がある。

1 在留資格制度概説

日本では、外国人が日本に在留し活動するには、原則として、あらかじめ類型化された在留資格の許可を得て在留及び活動を行う制度となっている。

日本の在留資格は、2019年3月まで28種類が規定されていたが、2019年4月から「特定技能」が開始された結果、29種類となった。次の表（図表7）は、2019年4月現在において規定されている在留資格の一覧である。

図表7 在留資格一覧表（入国管理局のウェブサイトを参考に筆者が作成）

在留資格	該当例	在留期間
外交	外国政府の大使、公使、総領事、代表団構成員等及びその家族	外交活動の期間
公用	外国政府の大使館・領事館の職員、国際機関等から公の用務で派遣される者及びその家族	5年、3年、1年、3月、30日又は15日
教授	大学教授等	5年、3年、1年又は3月
芸術	作曲家、画家、叙述家等	5年、3年、1年又は3月
宗教	外国の宗教団体から派遣される宣教師等	5年、3年、1年又は3月
報道	外国の報道機関の記者、カメラマン	5年、3年、1年又は3月
高度専門職	ポイント制による高度人材	5年（1号）、無期限（2号）
経営・管理	企業等の経営者・管理者	5年、3年、1年、4月又は3月
法律・会計業務	弁護士、公認会計士等	5年、3年、1年又は3月
医療	医師、歯科医師、看護師	5年、3年、1年又は3月
研究	政府関係機関や私企業等の研究者	5年、3年、1年又は3月

第4　外国人材受入れのポイント

教育	中学校・高等学校等の語学教師等	5年、3年、1年又は3月
技術・人文知識・国際業務	機械工学等の技術者、通訳、デザイナー、私企業の語学教師、マーケティング業務従事者等	5年、3年、1年又は3月
企業内転勤	外国の事業所からの転勤者	5年、3年、1年又は3月
介護	介護福祉士	5年、3年、1年又は3月
興行	俳優、歌手、ダンサー、プロスポーツ選手等	5年、3年、1年又は3月
技能	外国料理の調理師、スポーツ指導者、航空機の操縦者、貴金属等の加工職人等	5年、3年、1年又は3月
技能実習	技能実習生	法務大臣が個々に指定する期間（1号：≦1年、2号・3号：≦2年）
文化活動	日本文化の研究者等	3年、1年、6月又は3月
短期滞在	観光客、会議参加者等	90日若しくは30日又は15日以内の日を単位とする期間
留学	大学、短期大学、高等専門学校、高等学校、中学校及び小学校等の学生・生徒	4年3月、4年、3年3月、3年、2年3月、2年、1年3月、1年、6月又は3月
研修	研修生	1年、6月又は3月
家族滞在	在留外国人が扶養する配偶者・子	5年、4年3月、4年、3年3月、3年、2年3月、2年、1年3月、1年、6月又は3月
特定活動	外交官等の家事使用人、ワーキング・ホリデー、経済連携協定に基づく外国人看護師・介護福祉士候補者等	5年、3年、1年、6月、3月又は法務大臣が個々に指定する期間（≦5年）
永住者	法務大臣から永住の許可を受けた者（入管特例法の「特別永住者」を除く。）	無期限
日本人の配偶者等	日本人の配偶者・子・特別養子	5年、3年、1年又は6月
永住者の配偶者等	永住者・特別永住者の配偶者及び本邦で出生し引き続き在留している子	5年、3年、1年又は6月
定住者	第三国定住難民、日系3世、中国残留邦人等	5年、3年、1年、6月又は法務大臣が個々に指定する期間（≦5年）
特定技能	特定技能外国人	1年、6月、4月ごとの更新（≦通算5年、1号） 3年、1年、6月（2号）

在留資格は、活動に着目して類型化した在留資格と、身分に着目して類型化した在留資格がある。活動に着目した在留資格と、身分に着目した在留資格を一覧にまとめると次のとおりとなる。

活動に注目した在留資格	身分に着目した在留資格
外交、公用、教授、芸術、宗教、報道、高度専門職、経営・管理、法律・会計業務、医療、研究、教育、技術・人文知識・国際業務、企業内転勤、介護、興行、技能、技能実習、文化活動、短期滞在、留学、研修、特定技能、特定活動	家族滞在、永住者、日本人の配偶者等、永住者の配偶者等、定住者

また、在留資格を就労[15]という観点からグループ化した場合、(i)制限がなく働くことができる在留資格、(ii)在留資格で認められた範囲で就労ができる在留資格、そして、(iii)就労することができない在留資格に分けることができる。以下は、(i)〜(iii)についてまとめた表である。

(i)制限がなく働くことができる在留資格	永住者、日本人の配偶者等、永住者の配偶者等、定住者
(ii)在留資格で認められた範囲で就労ができる在留資格	外交、公用、教授、芸術、宗教、報道、高度専門職、経営・管理、法律・会計業務、医療、研究、教育、技術・人文知識・国際業務、企業内転勤、介護、興行、技能、技能実習、特定技能
(iii)原則として就労することができない在留資格	文化活動、短期滞在、留学、研修、家族滞在

2　在留資格に関する手続

外国人材の受け入れは、当該外国人材が海外にいる人か、日本にいる人かで異なる。①海外にいる外国人材を受け入れる方法は、あらたに在留資格を取得することになる。また、②日本にいる外国人材を受け入れる方法としては、既に「留学」等の何らかの在留資格で日本に入国した後に、就労可能な在留資格に変更する方法の2つがある。

(1)　海外にいる外国人材を受け入れる方法

海外から日本に入国する外国人は、入管法7条1項が定める以下の4つの要件を満たす必要がある。
①　所持する旅券及び、査証を必要とする場合には、これに与えられた査証が有効である

---

[15] 就労の内容については入管法19条1項により「収入を伴う事業を運営する活動又は報酬を受ける活動」と規定されている。

第4　外国人材受入れのポイント

　　こと
② 行おうとする活動が虚偽ではなく、在留資格に該当すること
③ 在留期間が入管法施行規則に適合すること
④ 上陸拒否事由に該当しないこと

　在留資格に関する手続で問題の中心となるのは②の要件であり、具体的には在留資格に該当するか否かが問題となる。そして、一部の在留資格[16]を除き、外国人が日本に入国する前に、②の要件に適用することを証明する証書（在留許可認定証明書[17]）の交付を地方出入国在留管理局に申請することができる（入管法7条の2、入管法施行規則6条の2第1項）。

　そして、②の要件を満たすか否かの判断は、Ⓐ在留資格該当性とⒷ上陸許可基準該当性によってなされる。在留資格該当性は、外国人が日本で行うとする活動等が、入管法で規定された在留資格に該当するか否かという問題である。上陸許可基準該当性は、一部の在留資格[18]に定められている「我が国の産業及び国民生活に与える影響その他の事情を勘案して法務省令で定める基準」に適合するか否かという問題である。外国人材の申請頻度が高い在留資格は、いずれもこの上陸許可基準が定められている。そのため、外国人材が日本に入国する際は、原則として在留資格該当性と上陸許可基準該当性を満たす必要がある。

　手続としては、一連の流れは次の図（図表8）のとおりである。外国人材が日本に入国する場合は、在留許可認定証明書の交付を受けて入国するのが一般的である。

　簡単に順を追って説明すると次のとおりである。
①まず、採用しようとする外国人材が、在留資格を得られる可能性があるか否かを確認する。
②次に、外国人材と雇用契約を締結する。
③必要な資料を整えて、地方出入国在留管理局に対し在留資格認定証明書の交付申請を行う。
④在留資格認定証明書が交付されたら、原本を外国人材に送付する。
⑤外国人材が在留資格認定証明書及び必要書類を揃え、当該国の日本国大使館・領事館でビザ（査証）の発給を受ける。
⑥外国人材はビザが添付されたパスポートを持ち、空港または港で上陸する。

　受け入れに要する時間としては、4～5ヶ月を要することが多い。

---

[16]「短期滞在」（入管法7条の2第1項かっこ書）、「高度専門職2号」及び「永住者」（入管法7条1項2号かっこ書）が除かれている。
[17] 英語だと「Certificate of Eligibility」であり、「COE」と略される。
[18]「入管法別表第1の2表及び4の表下欄に掲げる活動を行おうとする者」であり、具体的には「高度専門職1号」、「経営・管理」、「法律・会計業務」、「医療」、「研究」、「教育」、「技術・人文知識・国際業務」、「企業内転勤」、「介護」、「興業」、「技能」、「特定技能」、「技能実習」、「留学」、「研修」、「家族滞在」が該当する。

図表8　これから入国する人の手続

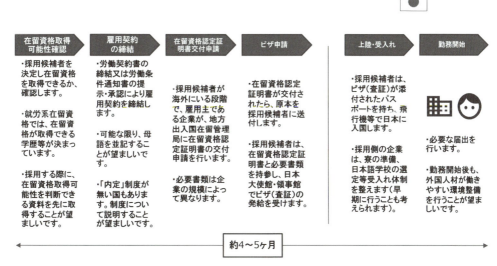

注：本書の図表ではApache license version 2.0で配布されたMateral Icons（https://material.io/tools/icons/）を使用している。

(2) 日本にいる外国人材を受け入れる方法

既に日本に入国している外国人は、原則として、何らかの在留資格を有している。当該在留資格でそのまま就労できれば、在留資格の変更は必要ないが、「留学」等就労できない在留資格であったり、今の在留資格で許可されている活動と異なる内容で就労する場合には、在留資格の変更手続をする必要がある。

次の図（図表9）は日本にいる外国人材を受け入れる方法である。

図表9　既に入国している人の手続

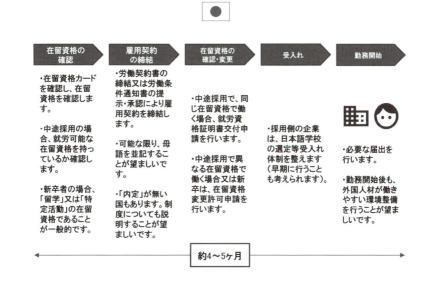

簡単に順を追って説明すると次のとおりである。
①まず、採用しようとする外国人材が、在留資格を得られる可能性があるか否かを確認する[19]。
②次に、外国人材と雇用契約を締結する。
③外国人材の在留資格が働くことができない在留資格である場合、在留資格を変更することの申請を行う。
④在留資格の変更が許可されたら、在留資格を変更する。

こちらも、受け入れに要する時間としては、4～5ヶ月を要することが多い。
在留資格変更許可手続は入管法20条以下で規定されており、実体的な要件は次の2点となる。
①行おうとする活動が変更後の在留資格に該当すること
②相当の理由があること

海外から日本に入国する段階で取得する方法の場合に判断基準となった在留資格該当性と上陸許可基準該当性について、在留資格の変更の場合、上陸許可基準該当性は直接の判断基準とならない。しかし、上陸許可基準該当性についても②の相当性の中で斟酌される結果、在留資格変更の手続においても、原則として、上陸許可基準に該当する必要がある。

3 外国人材の受け入れと在留資格

29種類ある在留資格の中でも、事業者が外国人材の受け入れを行うことを考えた場合に頻繁に用いられる在留資格は「高度専門職」、「技術・人文知識・国際業務」、「特定活動」、「技能実習」、「特定技能」があげられる。次の表（図表10）は、これらの在留資格のうち「特定活動」以外のものについて、想定される人材等をまとめた表である。

次に、この利用頻度が多い在留資格について、個別にその内容、そして在留資格取得の審査基準を外観する。

(1) 高度専門職（1号・2号）

高度専門職の在留資格は、様々な項目に配点されたポイントを計算した結果、基準点以上を満たす高度な外国人材のための在留資格である。

実務上は、日本の有名大学大学院課程を修了しており、日本語話者である場合は、高度専門職の在留資格に該当する可能性が高い。

高度専門職の在留資格は、在留期間や活動内容の点において他の在留資格よりも優遇されており、受入れ側及び外国人材側の双方にメリットがある在留資格であると言える。

---

[19] なお、日本にいる外国人材を採用する場合、在留カードの提示をお願いし、就労することができる在留資格を有しているか、確認する必要がある。

3 外国人材の受け入れと在留資格

図表10 在留資格別想定人材（特定活動を除く）

	高度専門職	技術・人文知識・国際業務	特定技能	技能実習
想定される人材	日本の大学院を修了した留学生	日本・海外の大学の学部課程卒業者	技能実習2号の修了者 日本語及び技能の試験の合格者	技能実習生
業務内容	自然科学若しくは人文科学の分野に属する知識若しくは技術を要する業務等	自然科学の分野若しくは人文科学の分野に属する技術若しくは知識を要する業務又は外国の文化に基盤を有する思考若しくは感受性を必要とする業務	相当程度の知識又は経験を必要とする技能を要する業務等	技能等を要する業務等
転職	○	○	○※	×
在留期間の上限	なし	なし	通算5年	通算5年

※同一の業務区分内または技能水準の共通性が確認されている業務区分間において認められる（基本方針8頁）

ア　在留資格の活動内容

　高度専門職1号の在留資格は、「高度の専門的な能力を有する人材として法務省令で定める基準に適合する者が行う次のイからハまでのいずれかに該当する活動であつて、我が国の学術研究又は経済の発展に寄与することが見込まれる」活動を行う在留資格である（入管法別表第一の二）。高度専門職は、厳密には、高度専門職1号イ、高度専門職1号ロ、高度専門職1号ハ、高度専門職2号はそれぞれ別の在留資格とされる（入管法2条の2第1項）。

　高度専門職1号イは、いわゆる高度学術研究活動と呼ばれる類型であり、高度専門職1号ロは、同様に高度専門・技術活動、高度専門職1号ハは、同様に高度経営・管理活動と呼ばれる活動である。

　高度専門職2号は、高度専門職1号の「活動を行つた者であつて、その在留が我が国の利益に資するものとして法務省令で定める基準に適合するものが行う次に掲げる活動」を行う在留資格である。

　高度専門職1号及び2号の在留資格をまとめると、次の表のとおりとなる。

在留資格	活動内容
高度専門職1号イ	法務大臣が指定する本邦の公私の機関との契約に基づいて研究、研究の指導若しくは教育をする活動又は当該活動と併せて当該活動と関連する事業を自ら経営し若しくは当該機関以外の本邦の公私の機関との契約に基づいて研究、研究の指導若しくは教育をする活動（高度学術研究活動）

第4　外国人材受入れのポイント

高度専門職1号ロ	法務大臣が指定する本邦の公私の機関との契約に基づいて自然科学若しくは人文科学の分野に属する知識若しくは技術を要する業務に従事する活動又は当該活動と併せて当該活動と関連する事業を自ら経営する活動（高度専門・技術活動）
高度専門職1号ハ	法務大臣が指定する本邦の公私の機関において貿易その他の事業の経営を行い若しくは当該事業の管理に従事する活動又は当該活動と併せて当該活動と関連する事業を自ら経営する活動（高度経営・管理活動）
高度専門職2号	高度専門職1号の活動を行つた者であつて、その在留が我が国の利益に資するものとして法務省令で定める基準に適合するものが行う次に掲げる活動 イ　本邦の公私の機関との契約に基づいて研究、研究の指導又は教育をする活動 ロ　本邦の公私の機関との契約に基づいて自然科学又は人文科学の分野に属する知識又は技術を要する業務に従事する活動 ハ　本邦の公私の機関において貿易その他の事業の経営を行い又は当該事業の管理に従事する活動 ニ　イからハまでのいずれかの活動と併せて行う一の表の教授の項から報道の項までの下欄に掲げる活動又はこの表の法律・会計業務の項、医療の項、教育の項、技術・人文知識・国際業務の項、介護の項、興行の項若しくは技能の項の下欄に掲げる活動（イからハまでのいずれかに該当する活動を除く。）

イ　在留資格の該当基準

㋐　「高度専門職1号イ・ロ・ハ」の基準該当性

「高度専門職1号イ・ロ・ハ」の上陸許可基準は次のとおりである。

> 申請人が出入国管理及び難民認定法別表第一の二の表の高度専門職の項の下欄の基準を定める省令（平成二十六年法務省令第三十七号）第一条第一項に掲げる基準に適合することのほか、次の各号のいずれにも該当すること。
> 一　次のいずれかに該当すること。
> 　イ　本邦において行おうとする活動が法別表第一の一の表の教授の項から報道の項までの下欄に掲げる活動のいずれかに該当すること。
> 　ロ　本邦において行おうとする活動が法別表第一の二の表の経営・管理の項から技能の項までの下欄に掲げる活動のいずれかに該当し、かつ、この表の当該活動の項の下欄に掲げる基準に適合すること。
> 二　本邦において行おうとする活動が我が国の産業及び国民生活に与える影響等の観点から相当でないと認める場合でないこと

「高度専門職省令」の基準に適合することとは、次のポイント制で70点以上であり、かつ、「高度専門職1号ロ」（高度専門・技術活動）及び「高度専門職1号ハ」（高度経営・管理活動）については、所属する機関からの報酬が、年額300万円以上であることを意味する（高度専門職省令1条）。

㈦ 「高度専門職2号」の基準該当性

「高度専門職2号」については、原則として、上陸許可の対象にもならず（入管法7条1項2号かっこ書）、在留資格認定証明書の交付の対象にもならない（同条項、同法7条の2第1項）。これは、「高度専門職2号」は最初から「高度専門職2号」で在留することは想定されておらず、「高度専門職1号イ・ロ・ハ」で在留した者から在留資格の変更によって「高度専門職2号」の在留資格が許可される制度となっているからである（入管法20条の2第1項）。

そして、「高度専門職2号」については、法務省令で定める基準に適合する必要があり（同条2項）、「変更基準省令」が定められている。

変更基準省令では、①高度専門職省令2条1項に規定する基準に該当すること、及び、②その者が本邦において行おうとする活動が我が国の産業及び国民生活に与える影響等の観点から相当でないと認める場合でないことの2点を定める。

そして、高度専門職省令2条1項で定める基準は次のとおりである。

i 「高度専門職1号イ・ロ・ハ」の区分に従い、ポイント制により70点以上であり、「高度専門職1号ロ」及び「高度専門職1号ハ」については報酬が年額300万円以上であること

ii 「高度専門職1号」の在留資格で日本に3年以上在留して当該在留資格に対応する活動を行っていたこと

iii 素行が善良であること

iv 当該外国人の在留が日本国の利益に合すると認められること

そのため、「高度専門職2号」は、行おうとする活動が「高度専門職2号」に規定される活動であり、上記のi～iv及び②を満たす必要がある。

㈪ ポイント制

高度専門職の在留資格については、他の在留資格と異なるユニークな制度がとられている[20]。すなわち、学歴、職歴、年収、年齢、日本語能力等、様々な項目にポイントが配点されており、合計のポイントが70点以上である場合に、在留資格が付与される仕組みとなっている。

ポイント制の詳細な配点は、次の表（図表11）のとおりである。このポイント表で70点以上となり、高度専門職1号ロ（高度専門・技術活動）及び高度専門職1号ハ（高度経営・管理活動）については年収が300万円以上であれば[21]、高度専門職1号の在留資格が許可

---

[20] 高度専門職にも上陸許可基準が規定されており、それに加えて出入国管理及び難民認定法別表第一の二の表の高度専門職の項の下欄の基準を定める省令（「高度専門職省令」）が規定されており、その中でポイント制が規定されている。

[21] 法務省入国管理局「高度人材ポイント制Q&A」4～5頁

第4 外国人材受入れのポイント

図表11 高度専門職ポイント計算表

《ポイント計算表》

		高度学術研究分野		高度専門・技術分野		高度経営・管理分野	
学歴		博士号(専門職に係る学位を除く。)取得者	30	博士号(専門職に係る学位を除く。)取得者	30	博士号又は修士号取得者(注7)	20
		修士号(専門職に係る博士を含む。)取得者	20	修士号(専門職に係る博士を含む。)取得者(注7)	20		
		大学を卒業又はこれと同等以上の教育を受けた者(博士号又は修士号取得者を除く。)	10	大学を卒業又はこれと同等以上の教育を受けた者(博士号又は修士号取得者を除く。)	10	大学を卒業又はこれと同等以上の教育を受けた者(博士号又は修士号取得者を除く。)	10
		複数の分野において,博士号,修士号又は専門職学位を有している者	5	複数の分野において,博士号,修士号又は専門職学位を有している者	5	複数の分野において,博士号,修士号又は専門職学位を有している者	5
職歴(実務経験)(注1)		10年～		10年～	20	10年～	25
		7年～	15	7年～	15	7年～	20
		5年～	10	5年～	10	5年～	15
		3年～	5	3年～	5	3年～	5
年収(注2)		年齢区分に応じ,ポイントが付与される年収の下限を異なるものとする。詳細は②参照	40～10	年齢区分に応じ,ポイントが付与される年収の下限を異なるものとする。詳細は②参照	40～10	3000万円～	50
						2500万円～	40
						2000万円～	30
						1500万円～	20
						1000万円～	10
年齢		～29歳	15	～29歳	15		
		～34歳	10	～34歳	10		
		～39歳	5	～39歳	5		
ボーナス①〔研究実績〕		詳細は③参照	25～20	詳細は③参照	15		
ボーナス②〔地位〕						代表取締役,代表執行役	10
						取締役,執行役	5
ボーナス③				職務に関連する日本の国家資格の保有(1つ5点)	10	職務に関連する日本の国家資格の保有(1つ5点)	10
ボーナス④		イノベーションを促進するための支援措置(法務大臣が告示で定めるもの)を受けている機関における就労(注3)	10	イノベーションを促進するための支援措置(法務大臣が告示で定めるもの)を受けている機関における就労(注3)	10	イノベーションを促進するための支援措置(法務大臣が告示で定めるもの)を受けている機関における就労(注3)	10
ボーナス⑤		試験研究費等比率が3%超の中小企業における就労	5	試験研究費等比率が3%超の中小企業における就労	5	試験研究費等比率が3%超の中小企業における就労	5
ボーナス⑥		職務に関連する外国の資格等	5	職務に関連する外国の資格等	5	職務に関連する外国の資格等	5
ボーナス⑦		本邦の高等教育機関において学位を取得	10	本邦の高等教育機関において学位を取得	10	本邦の高等教育機関において学位を取得	10
ボーナス⑧		日本語能力試験N1取得者(注4)又は外国の大学において日本語を専攻して卒業した者	15	日本語能力試験N1取得者(注4)又は外国の大学において日本語を専攻して卒業した者	15	日本語能力試験N1取得者(注4)又は外国の大学において日本語を専攻して卒業した者	15
ボーナス⑨		日本語能力試験N2取得者(注5)(ボーナス⑦又は⑧のポイントを獲得した者を除く。)	10	日本語能力試験N2取得者(注5)(ボーナス⑦又は⑧のポイントを獲得した者を除く。)	10	日本語能力試験N2取得者(注5)(ボーナス⑦又は⑧のポイントを獲得した者を除く。)	10
ボーナス⑩		成長分野における先端的事業に従事する者(法務大臣が認める事業に限る。)	10	成長分野における先端的事業に従事する者(法務大臣が認める事業に限る。)	10	成長分野における先端的事業に従事する者(法務大臣が認める事業に限る。)	10
ボーナス⑪		法務大臣が告示で定める大学を卒業した者	10	法務大臣が告示で定める大学を卒業した者	10	法務大臣が告示で定める大学を卒業した者	10
ボーナス⑫		法務大臣が告示で定める研修を修了した者(注6)	5	法務大臣が告示で定める研修を修了した者(注6)	5	法務大臣が告示で定める研修を修了した者(注6)	5
ボーナス⑬						経営する事業に1億円以上の投資を行っている者	
		合格点	70	合格点	70	合格点	70

①最低年収基準

高度専門・技術分野及び高度経営・管理分野においては,年収300万円以上であることが必要

②年収配点表

	～29歳	～34歳	～39歳	40歳～
1000万円	40	40	40	40
900万円	35	35	35	35
800万円	30	30	30	30
700万円	25	25	25	―
600万円	20	20	20	―
500万円	15	15	―	―
400万円	10	―	―	―

③研究実績

	高度学術研究分野	高度専門・技術分野
特許の発明 1件～	20	15
入国前に公的機関からグラントを受けた研究に従事した実績 3件～	20	15
研究論文の実績については,我が国の国の機関において利用されている学術論文データベースに登録されている学術雑誌に掲載されている論文(申請人が責任著者であるものに限る。)3本～	20	15
※上記の項目以外で,上記項目におけるものと同等の研究実績があると申請人がアピールする場合(著名な賞の受賞歴等),関係行政機関の長の意見を聴いた上で法務大臣が個別にポイントの付与の適否を判断	20	15

※高度学術研究分野については,2つ以上に該当する場合には25点

(注1)従事しようとする業務に係る実務経験に限る。
(注2)※1 主たる受入機関から受ける報酬の年額
※2 海外の機関からの転勤の場合には,当該機関から受ける報酬の年額を算入
※3 賞与(ボーナス)も年収に含まれる。
(注3)就労する機関が中小企業である場合には,別途10点の加点
(注4)同等以上の能力を試験(例えば,BJTビジネス日本語能力テストにおける480点以上の得点)により認められている者も含む。
(注5)同等以上の能力を試験(例えば,BJTビジネス日本語能力テストにおける400点以上の得点)により認められている者も含む。
(注6)本邦の高等教育機関における研修については,ボーナス⑦のポイントを獲得した者を除く。
(注7)経営管理に関する専門職学位(MBA,MOT)を有している場合には,別途5点の加点

出典「法務省入国管理局HP」

される。

　このポイント制の中で、日本の大学を卒業し又は日本の大学院課程を修了した者には、ボーナスポイントして10ポイントが付与される。また、法務大臣が告示で定める大学を卒業した者には、ボーナスポイントとして10点が付与される（高度専門職省令１条）。この告示で定める大学は、①QS・ワールド・ユニバーシティ・ランキングス、THE・ワールド・ユニバーシティ・ランキングス、アカデミック・ランキング・オブ・ワールド・ユニバーシティズの３つのランキングのうち、２つ以上において300位以内の大学、②スーパーグローバル大学創成支援事業（トップ型）において、補助金の交付を受けている大学、③外務省が実施するイノベーティブ・アジア事業において「パートナー校」として指定を受けている大学である。

　そして、日本の大学を卒業し又は日本の大学院課程を修了したことによるボーナスポイントと、上記の告示で定められる大学の①〜③を卒業したことによるボーナスポイントは重複して加算が認められる。この①〜③の大学としては、2019年４月時点では13大学（東京大学、京都大学、北海道大学、東北大学、名古屋大学、大阪大学、九州大学、筑波大学、東京工業大学、東京医科歯科大学、広島大学、慶應義塾大学及び早稲田大学）が該当する。

　この13大学を卒業ないし修了している場合、そのことをもって20点を獲得できるため、当該大学を卒業・修了している外国人材を採用する場合には、高度専門職の在留資格該当制を検討するべきである。

　また、この13大学については、100以上の大学に拡大される予定である。そのため、これまで以上に高度専門職に該当する例は増えるものと思われる。

(エ) 高度専門職２号

　前記(イ)で記載したとおり、高度専門職１号として３年以上在留した場合で他の要件を満たす場合は、高度専門職２号へ在留資格の変更が可能となる。

ウ　在留期間と更新

(ア) 高度専門職１号

　高度専門職１号の在留期間は５年であり、この在留期間は更新することができる（入管法２条の２第３項、入管法施行規則３条・別表第２）。この最初から５年の在留期間が与えられるのは、後述のとおり、高度専門職１号に対する優遇措置の一つである。

(イ) 高度専門職２号

　高度専門職２号の在留期間は無期限である（入管法２条の２第３項、入管法施行規則３条・別表第２）。そのため、在留期間の更新は不要である。

エ　在留資格の特徴

　高度専門職は様々な点で優遇されている。特に、広範な活動内容が認められている点は、いわゆる総合職として育成するため、幅広い業務を経験させるキャリアプランを描きやす

いという点で、受入企業側としてもメリットがあるものと言える。

㋐ 高度専門職1号

高度専門職1号では、次の点について優遇されている。

(a) 複合的な在留活動の許容

高度専門職1号では、複数分野の在留活動が許容されている。すなわち、高度専門職1号の活動内容表に記載したとおり、高度専門職1号では、活動内容として「又は当該活動と併せて」主たる活動とは別の活動についても行うことが認められている。

(b) 在留期間「5年」の付与

高度専門職1号では、在留期間が入管法で定められている中で最長の在留期間である「5年」を一律に付与される。また、この在留期間は更新可能である。

(c) 在留歴に係る永住許可要件の緩和

永住許可の手続（入管法22条）を行う場合、原則として10年の在留が必要となる（永住許可に関するガイドライン）。しかし、高度専門職1号で在留している者は、特例として3年以上在留している場合、永住者に在留資格を変更できる可能性がある。

(d) 配偶者の就労

高度専門職1号の配偶者は、他の在留資格の配偶者の場合と異なり、学歴要件を満たさずに「技術・人文知識・国際業務」等に該当する活動が可能となる（特定活動告示33号・別表5）。

(e) 一定の条件の下での親の帯同の許容

他の就労を目的とする在留資格で在留する外国人の親の受け入れは認められていないが、高度専門職1号の場合、①高度外国人材又はその配偶者の7歳未満の子（養子を含む。）を養育する場合　②高度外国人材の妊娠中の配偶者又は妊娠中の高度外国人材本人の介助等を行う場合には、一定の要件の下、親の帯同が許可される（特定活動告示34号）。

(f) 一定の条件の下での家事使用人の帯同の許容

家事使用人の雇用は「経営・管理」、「法律・会計業務」等一定の在留資格に基づき在留する者にのみ認められているが、高度専門職1号でも、一定の要件の下、外国人の家事使用人を帯同することが可能である（特定活動告示2号の2）。

(g) 入国・在留手続の優先処理

高度専門職1号については、入国・在留手続において、入国事前審査に係る申請については申請受理から10日以内を目途に、在留審査に係る申請については申請受理から5日以内を目途に処理するという優先処理が行われている。

㋑ 高度専門職2号

高度専門職2号では、上記の(a)～(f)に加えて、永住の要件がさらに緩和される、在留期

間が無期限となる、そして、ほぼすべての就労可能な在留資格の活動を行える。

オ　立証資料

(ア)　「高度専門職1号」

「高度専門職1号」の在留資格認定証明書交付申請時に提出すべき資料は、次のとおりである。

1　在留資格認定証明書交付申請書　1通
2　写真（縦4cm×横3cm）　1葉
3　返信用封筒（定形封筒に宛先を明記の上、392円分の切手（簡易書留用）を貼付したもの）　1通
4　提出資料がカテゴリーにより分かれている場合は、所属機関がいずれかのカテゴリーに該当することを証する文書　1通
5　入管法施行規則別表第3に規定する在留資格の項の下欄に掲げる文書
6　ポイント計算表　活動の区分（高度専門職1号イ、高度専門職1号ロ、高度専門職1号ハ）に応じ、いずれかの分野のものを　1通
7　ポイント計算表の各項目に関する疎明資料

(イ)　「高度専門職2号」

「高度専門職2号」の在留資格変更許可申請時に提出すべき資料は、次のとおりである。

1　在留資格変更許可申請書　1通
2　写真（縦4cm×横3cm）　1葉
3　申請人のパスポート及び在留カード　提示
4　提出資料がカテゴリーにより分かれている場合は、所属機関がいずれかのカテゴリーに該当することを証する文書　1通
5　入管法施行規則別表第3に規定する在留資格の項の下欄に掲げる文書
6　ポイント計算表　行おうとする活動に応じ、いずれかの分野のものを1通
7　ポイント計算表の各項目に関する疎明資料
---

(2)　技術・人文知識・国際業務

「技術・人文知識・国際業務」は、専門的・技術的在留資格に区分される在留資格の中では、最も利用されている在留資格である。

実務上は、日本または外国の大学を卒業した外国人材について申請する例が多く、大学を卒業したばかりのいわゆる新卒者であっても許可される可能性がある在留資格である。

第4　外国人材受入れのポイント

ア　在留資格の活動内容
(ア)　活動の内容

「技術・人文知識・国際業務」の在留資格の活動内容は次のとおりである（入管法別表第一の二）。

> 本邦の公私の機関との契約に基づいて行う理学、工学その他の自然科学の分野若しくは法律学、経済学、社会学その他の人文科学の分野に属する技術若しくは知識を要する業務又は外国の文化に基盤を有する思考若しくは感受性を必要とする業務に従事する活動（一の表の教授の項、芸術の項及び報道の項の下欄に掲げる活動並びにこの表の経営・管理の項から教育の項まで及び企業内転勤の項から興行の項までの下欄に掲げる活動を除く。）

いわゆる大学の理系課程で学修した内容を活かして就労する場合が「技術」に該当し、文系課程で学修した内容を活かして就労する場合が「人文知識」に該当する。また、外国人特有の思考や感受性を用いて就労する場合が「国際業務」に該当する。

(イ)　活動内容の水準

「技術・人文知識・国際業務」の在留資格で行う活動は「技術若しくは知識を要する業務又は外国の文化に基盤を有する思考若しくは感受性を必要とする業務に従事する活動」であり、専門的・技術的在留資格と言われる在留資格である。

そのため、一定水準以上の技術を要する業務であり、現場作業を行うことを主たる目的として「技術・人文知識・国際業務」の在留資格の許可を受けることはできない。他方で、現場作業が少しでも活動に含まれる場合、許可が出ないかというと、そうではない。平成27年12月付法務省入国管理局「ホテル・旅館等において外国人が就労する場合の在留資格の明確化について」によれば、「日本で従事しようとする活動が、入管法に規定される在留資格に該当するものであるか否かは、在留期間中の活動を全体として捉えて判断することとなります。」としており、在留資格該当性は、在留期間中全体として判断するとする[22]。

では、どの程度の水準の業務であれば良いのか。

「技術」の例としては「橋梁の建設を例にとると、橋梁を設計しあるいはその建設工事を指揮監督する活動は「技術」の在留資格に該当するが、単なる土木作業に従事する活動はこれに該当しない。」ことが指摘されている[23]。

また、平成27年12月付法務省入国管理局「ホテル・旅館等において外国人が就労する場合の在留資格の明確化について」によれば許可された事例として業務内容が「外国語を用いたフロント業務、外国人観光客担当としてのホテル内の施設案内業務等」だった事例が

---

[22] なお、在留資格変更許可に関するものであるが、平成30年12月改訂法務省入国管理局「留学生の在留資格「技術・人文知識・国際業務」への変更許可ガイドライン」も同旨である（2頁）。
[23] 坂中英徳・齋藤利男『出入国管理及び難民認定法逐条解説改訂第四版』（日本加除出版、2012年）110頁

あり、不許可となった事例として業務内容が「主たる業務が宿泊客の荷物の運搬及び客室の清掃業務」だった事例、「従事しようとする業務の内容が、駐車誘導、レストランにおける料理の配膳・片付けであった」事例が挙げられている。

すべての業務を一律に画定する基準はないため、最終的には上記の事例や例を参考に、活動内容が「技術・人文知識・国際業務」に該当するかを個別に検討することになる。

イ　在留資格の該当基準

「技術・人文知識・国際業務」について、上陸許可基準の定めは次のとおりである。

> 一　申請人が自然科学又は人文科学の分野に属する技術又は知識を必要とする業務に従事しようとする場合は、従事しようとする業務について、次のいずれかに該当し、これに必要な技術又は知識を修得していること。ただし、申請人が情報処理に関する技術又は知識を要する業務に従事しようとする場合で、法務大臣が告示をもって定める情報処理技術に関する試験に合格し又は法務大臣が告示をもって定める情報処理技術に関する資格を有しているときは、この限りでない。
> 　イ　当該技術若しくは知識に関連する科目を専攻して大学を卒業し、又はこれと同等以上の教育を受けたこと。
> 　ロ　当該技術又は知識に関連する科目を専攻して本邦の専修学校の専門課程を修了（当該修了に関し法務大臣が告示をもって定める要件に該当する場合に限る。）したこと。
> 　ハ　十年以上の実務経験（大学、高等専門学校、高等学校、中等教育学校の後期課程又は専修学校の専門課程において当該技術又は知識に関連する科目を専攻した期間を含む。）を有すること。
> 二　申請人が外国の文化に基盤を有する思考又は感受性を必要とする業務に従事しようとする場合は、次のいずれにも該当していること。
> 　イ　翻訳、通訳、語学の指導、広報、宣伝又は海外取引業務、服飾若しくは室内装飾に係るデザイン、商品開発その他これらに類似する業務に従事すること。
> 　ロ　従事しようとする業務に関連する業務について三年以上の実務経験を有すること。ただし、大学を卒業した者が翻訳、通訳又は語学の指導に係る業務に従事する場合は、この限りでない。
> 三　日本人が従事する場合に受ける報酬と同等額以上の報酬を受けること。

大きくわけると(i)「技術・人文知識」についての基準と、(ii)「国際業務」についての基準にわけられる。

㋐　「技術・人文知識」についての基準

「技術・人文知識」についての基準としては、(A)学歴・職歴要件と(B)報酬要件である。

学歴・職歴要件としては、職務上必要となる技術または知識について、(A)関連する科目を専攻して大学を卒業するか、それと同等の教育を受けたこと、(B)関連する科目を専攻して本邦の専修学校の専門課程を修了すること、(C)10年以上の実務経験があることのいずれかが求められる。

報酬要件としては、日本人が従事する場合に受ける報酬と同等額以上の報酬を受けることが求められる。ここで「報酬」とは、「一定の役務の給付の対価として与えられる反対給付」を言い、通勤手当、扶養手当、住宅手当等の実費弁償の性格を有するものは含まれない（審査要領）。この報酬については、「技術・人文知識・国際業務」の在留資格については、具体的な数字の基準は設けられていない[24]。実務上は、東京圏では17万円程度を下回ると許可の可能性が低くなると指摘されている[25]。

(イ) 「国際業務」についての基準

「国際業務」についての基準としては、(A)業務該当性、(B)職歴要件及び(C)報酬要件が規定されている。

業務該当性は、上陸許可基準に規定されている「翻訳、通訳、語学の指導、広報、宣伝又は海外取引業務、服飾若しくは室内装飾に係るデザイン、商品開発その他これらに類似する業務」に該当することである。

職歴要件としては、従事する業務について3年以上の実務経験を有することである。但し、大学を卒業した者が通訳等の業務に従事する場合は、この3年以上の実務経験は求められない。

なお、今後、「特定技能1号」の在留資格で就労する外国人材に向けた「第一号特定技能外国人支援」を行うために、ベトナム等、外国人材を多く輩出する国の言語と日本語との通訳を行う目的で在留する者が増えることが予測される。この日本語＝他の言語の通訳において、日本語能力がどの程度であれば通訳を行う日本語能力として十分であるかについて、具体的な基準があるわけではない。実務上は日本語能力試験N3の合格者について、労働条件通知書で従事すべき業務として通訳を記載した事例で「技術・人文知識・国際業務」の在留資格の許可が出されている例がある。他方で、日本語能力試験N4では、実際上も通訳を行うことは困難ではないかと思う。そのため、日本語能力試験N3が一つの目安になるのではないかと思う[26]。

報酬要件については「技術・人文知識」の要件と同じである。

---

[24] 「興行」の在留資格には「月額20万円以上」と規定されており、一定の参考になるものと言える（上陸許可基準）。
[25] 山脇康嗣『[新版] 詳説 入管法の実務—入管法令・内部審査基準・実務運用・裁判例—』（新日本法規、2017年）279頁
[26] 「実務上、日本語能力試験N4レベルの日本語能力だけでは認められないことが多」いことを指摘するものとして山脇・前掲（注25）275頁

ウ　在留期間と更新

「技術・人文知識・国際業務」の在留資格の在留期間は「5年、3年、1年又は3月」であり（入管法2条の2第3項、入管法施行規則3条・別表第2）、更新可能である。

どの在留期間が付与されるかは、次のとおりまとめることができる（審査要領）。

期間	要件
5年	次の①、②及び⑤のいずれかに該当し、かつ、③又は④に該当するもの ① 申請人が入管法上の届出義務を履行しているもの ② 学齢期の子を持つ親の場合には、子が小学校または中学校に通学しているもの ③ 契約機関がカテゴリー1またはカテゴリー2に該当するもの ④ ③以外の場合は、「技術・人文知識・国際業務」の在留資格で3年の在留期限が決定されている者で、かつ、日本において引き続き5年以上「技術・人文知識・国際業務」の在留資格に該当する活動を行っているもの ⑤ 就労予定期間が3年を超えるもの
3年	次の①、②、③のいずれかに該当するもの ① 次のいずれにも該当するもの 　1．5年の在留期間の決定の項のうち、①及び②に該当し、かつ、③又は④に該当するもの 　2．就労予定期間が1年以上3年以内であるもの ② 5年の在留期間を決定されていた者で、在留期間更新の際に、次のいずれにも該当するもの 　1．5年の在留期間の要件のうち①及び②に該当せず、③又は④のいずれかに該当するもの 　2．就労予定期間が1年を超えるもの ③ 5年、1年又は3月のいずれにも該当しないもの
1年	次のいずれかに該当するもの ① 契約機関がカテゴリー4に該当するもの ② 3年の在留期間を決定されていた者で、在留期間更新の際の5年の在留期間の項の①又は②に該当しないもの ③ 職務上の地位、活動実績、所属機関の活動実績から、在留状況を1年に1度確認する必要があるもの ④ 就労予定期間が1年以下であるもの
3月	就労予定期間が3月以下であるもの

※受入企業のカテゴリー区分についてはオを参照。

エ　在留資格の特徴

「技術・人文知識・国際業務」の在留資格の特徴は、「技術若しくは知識を要する業務又は外国の文化に基盤を有する思考若しくは感受性を必要とする業務」という活動内容にある。この活動内容のため、「技術・人文知識・国際業務」では、上記のとおり学修した内容又は実務経験と就労する業務の関連性が求められる。そして、この点は改正入管法でも

第4　外国人材受入れのポイント

維持されているため、この特徴は変わらない。

　他方で、企業は「技術・人文知識・国際業務」の在留資格で大学学部課程を卒業した者をいわゆる総合職として採用することが増えている。日本の採用慣行では、総合職で採用した者についても新人研修として一定の間、現場で実際に作業をしてもらうことがある。また、総合職については、様々な部署を広く経験させながらキャリアを形成していくというジョブローテーション制度が採用されていることもある。

　このような日本の労働慣行のため、(ⅰ)新人研修として現場作業をさせることは可能かという点、及び、(ⅱ)「技術・人文知識・国際業務」の在留資格で幅広い業務を経験させることはできるかという点が問題となる。

(ア)　新人研修として現場作業を行わせることは可能か

　この点については平成27年12月付法務省入国管理局「ホテル・旅館等において外国人が就労する場合の在留資格の明確化について」に「それが企業における研修の一環であって当該業務に従事するのは採用当初の時期に留まる、といった場合には許容されます」と記載されている。また、平成29年9月付「就労資格の在留諸申請に関連してお問い合わせの多い事項について（Q&A）」のQ26において次の質疑・回答がなされている。

> Q26：留学生を採用後、レストラン等の店舗において接客、棚卸しなどのOJTをした後、本社業務へ配属予定です。「技術・人文知識・国際業務」への在留資格変更許可申請を行ってもらう予定ですが、採用後、1年間のOJTを行うこととしても差し支えないでしょうか。
> A26：採用当初のOJTについては、一般的には、業務習熟のために必要な研修として認められることとなります。他方で、OJTの期間が、採用当初に留まるようなものではなく、当該外国人の在留期間の大半を占めるような場合には、在留資格に該当する活動を行っていないこととなるため、認められません。
> 　なお、個別の事案についてはお近くの地方入国管理官署にご相談ください。

　このような法務省の見解から、新人研修として現場作業を行わせることは、それが研修目的であり、かつ一定期間であれば許容されるものと言える。また、その場合でも、従業員（日本人を含む）の入社後のキャリアステップや各段階における具体的な職務内容と当該研修の内容との関係等に係る資料の提出を求められることがあり、日本人も含めて、そういった現場での研修が行われており、また、新人研修として必要な期間のみになっているかを審査されることになる（平成27年12月付法務省入国管理局「ホテル・旅館等において外国人が就労する場合の在留資格の明確化について」）。

(イ)　「技術・人文知識・国際業務」の在留資格で幅広い業務を経験させることができるか

　「技術・人文知識・国際業務」は、平成26年の入管法改正で「技術」と「人文知識・国

際業務」が統合され、在留資格として一つになった。そのため、「技術」の分野で活動を行うことを予定して「技術・人文知識・国際業務」の在留資格の許可を受けた者が、その後、配置転換等で「人文知識」や「国際業務」に該当する活動を行うようになった場合も、資格外活動罪や在留資格取消しの対象にならない[27]。

そのため、「技術・人文知識・国際業務」の活動に該当する範囲であれば、ジョブローテーション制度によって配置転換を行うことも可能と解される[28]。

オ　立証資料

「技術・人文知識・国際業務」の在留資格認定証明書交付申請時に提出が必要な資料は、外国人材が所属することになる機関の規模によって異なる[29]（図表12）。

(3) 特定活動

ア　在留資格の活動内容について

「特定活動」の活動内容は「法務大臣が個々の外国人について特に指定する活動」である（入管法別表第一の五）。特定活動の在留資格は、特定活動を除く28類型ある在留資格のいずれの在留資格に該当しない活動を行う外国人の上陸・在留を認める必要が生じた場合、臨機応変に対応できるようにするため、28類型の在留資格に該当しない活動を行うため上陸・在留しようとする外国人を受け入れるようにするための在留資格である[30]。

入管法は「特定活動」について、通常の上陸許可の対象を、あらかじめ法務大臣が告示で定めた活動に限っている（入管法7条1項2号）。このあらかじめ法務大臣が定めた告示として特定活動告示及び高度人材告示が存在する。高度人材告示は「高度専門職」の在留資格が創設される以前は意義があったが、現在では、重要ではない。

また、「特定活動」には、このあらかじめ法務大臣が告示によって定めた類型（以下「告示特定活動」[31]という。）と告示に該当しない類型（以下「非告示特定活動[32]」という。）が存在する。

---

[27] 山脇・前掲（注25）250頁
[28] もっとも、当初から申請にかかる業務を行うものではなかった場合については、虚偽の書類に基づく申請であり、在留資格取消しの対象となり得る（入管法22条の4第1項2号ないし4号）。虚偽の書類に基づく申請ではないことを明確にするために、ジョブローテーション制度についても社内で、どのような計画に従って、どういったプロセスに基づき広い業務を経験させるのか、制度及び計画について資料をまとめることが望ましい。
[29] 詳細は、法務省のウェブサイト（http://www.moj.go.jp/nyuukokukanri/kouhou/nyuukokukanri07_00089.html）を参照されたい。
[30] 坂中＝齊藤・前掲（注23）144頁
[31] 当該略語は山脇・前掲（注25）536頁による。
[32] 同上

第4　外国人材受入れのポイント

図表12　在留資格（技術・人文知識・国際業務）と提出書類

	カテゴリー1	カテゴリー2	カテゴリー3	カテゴリー4
区分（所属機関）	(1)日本の証券取引所に上場している企業 (2)保険業を営む相互会社 (3)日本又は外国の国・地方公共団体 (4)独立行政法人 (5)特殊法人・認可法人 (6)日本の国・地方公共団体の公益法人 (7)法人税法別表第1に掲げる公共法人	前年分の給与所得の源泉徴収票等の法定調書合計表中、給与所得の源泉徴収票合計表の源泉徴収税額が1,500万円以上ある団体・個人	前年分の職員の給与所得の源泉徴収票等の法定調書合計表が提出された団体・個人（カテゴリー2を除く）	左のいずれにも該当しない団体・個人
提出資料（共通）	1　在留資格認定証明書交付申請書　1通 2　写真（縦4cm×横3cm）　1葉 3　返信用封筒（定型封筒に宛先を明記の上、392円分の切手（簡易書留用）を貼付したもの）　1通 4　上記カテゴリーのいずれかに該当することを証明する文書　適宜 5　専門学校を卒業し、専門士又は高度専門士の称号を付与された者については、専門士又は高度専門士の称号を付与されたことを証明する文書　1通			
提出資料	その他の資料は原則として不要		6　申請人の活動の内容等を明らかにする資料 7　申請人の学歴及び職歴その他経歴等を証明する文書 8　登記事項証明書　1通 9　事業内容を明らかにする資料	
			10　直近の年度の決算文書の写し　1通	10　直近の年度の決算文書の写し。新規事業の場合は事業計画書　1通 11　前年分の職員の給与所得の源泉徴収票等の法定調書合計表を提出できない理由を明らかにする資料

イ　在留資格の該当基準

「特定活動」には、「特定活動」について規定した上陸許可基準がない（入管法7条1項2号）。

「特定活動」に該当するかの基準は、告示特定活動であれば告示によることになり、非告示特定活動については、先例により判断することになる。

ウ　在留期間と更新

「特定活動」の在留期間と更新の可否は、それぞれの類型によって異なる。

エ　在留資格の特徴

(ア)　外国人材と特定活動

実務上は、「特定活動」はEPA（経済連携協定）に基づく看護師・介護福祉士候補者、インターンシップ、卒業後1年目の就職活動を行う留学生の在留のため用いられてきた。

(イ)　制度変更の見込み

この特定活動については、影響が大きいと思われる制度変更が行われる予定である。本書執筆段階では、特定活動告示を改正し①日本の大学（短期大学を除く。以下同じ。）を卒業し又は大学院の課程を修了して学位を授与されたこと、②本人が従事する場合に受ける報酬と同等額以上の報酬を受けること、③日常的な場面で使われる日本語に加え、論理的にやや複雑な日本語を含む幅広い場面で使われる日本語を理解することができる能力を有していることを試験その他の方法により証明されていること、④日本の大学又は大学院において修得した広い知識及び応用的能力等を活用するものと認められることという要件を満たす者について、就労可能な「特定活動」を認める制度変更が予定されている。この「特定活動」については、「技術・人文知識・国際業務」の在留資格による場合より、学修内容と職務内容の関連性が強く求められない可能性があり、より柔軟な職務内容に就くことが可能になると思われる。

そのため、この制度変更が実現した場合、留学生にとって、日本での就職がより容易になるものと思われる。

⑷　技能実習

ア　技能実習制度

技能実習は、技能実習法1条に「人材育成を通じた開発途上地域等への技能、技術又は知識（省略）の移転による国際協力を推進することを目的とする」とあるように、国際協力の推進のための制度である。また、「技能実習は、労働力の需給の調整の手段として行われてはならない。」（同法3条）とあるように、技能実習は、労働力確保のための制度ではない。

現在、産業の現場を支えてくれているのは、間違いなく技能実習生であると言えるが、

第4 外国人材受入れのポイント

まず、この制度目的を再認識する必要がある。

その上で技能実習の制度について概観する。

㋐ 技能実習の種類

技能実習には大きく区分すると、「企業単独型技能実習」（同法2条2項）と「団体監理型技能実習」（同法2条4項）に分けることができる。

企業単独型技能実習は、日本の機関の海外の事業所等の職員を当該日本の機関に招聘し、技能等を修得するため、技能実習生が当該日本の機関で講習を受け業務に従事するという制度である。図解すると次のとおりとなる（図表13）。

図表13　技能実習制度（企業単独型）

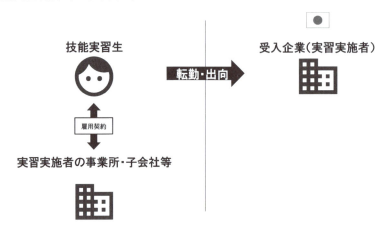

団体監理型技能実習は、日本の営利を目的としない法人（事業協同組合等）により受け入れられて必要な講習を受けること及び当該法人による実習監理を受ける日本の機関で業務に従事するという制度である。図解すると次のとおりとなる（図表14。代表例として、監理団体が事業協同組合の場合を想定する。）。

図表14　技能実習制度（団体監理型）

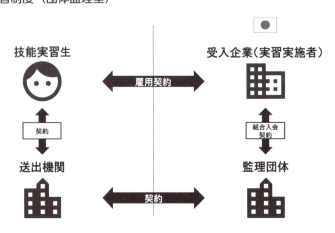

(イ) 技能実習の在留資格の種類

技能実習の在留資格は、「技能実習1号」（技能実習1年目）、「技能実習2号」（技能実習2〜3年目）及び「技能実習3号」（技能実習4〜5年目）にわかれる。これは企業単独型技能実習でも団体監理型技能実習でも同じである。

また、企業単独型技能実習の場合、在留資格は、それぞれ「技能実習1号イ」、「技能実習2号イ」、「技能実習3号イ」とされ、団体監理型技能実習では「技能実習1号ロ」、「技能実習2号ロ」、「技能実習3号ロ」という在留資格となる[33]（入管法別表第1の2）。

(ウ) 技能実習の職種・作業

技能実習1号には職種・作業について定めはないが、技能実習2号及び3号は、職種・作業について制限があり（技能実習法9条2号、技能実習法施行規則10条2項1号）、技能実習法施行規則別表2に規定された職種・作業（以下「移行対象職種・作業」という。）である必要がある。

この職種・作業は、2019年3月14日時点では80職種144作業である。なお、各職種・作業と「技能実習2号」及び「特定技能1号」の対応関係については、巻末の表を参照されたい。

(エ) 外国人技能実習機構

外国人技能実習機構とは、外国人の技能等の修得等に関し、技能実習の適正な実施及び技能実習生の保護を図り、もって人材育成を通じた開発途上地域等への技能等の移転による国際協力を推進することを目的として（技能実習法57条）設立された法人である。

外国人技能実習機構は、技能実習計画の認定など、技能実習法で定められた業務を行う（技能実習法87条）。

(オ) 監理団体

団体監理型技能実習には、不可欠な機関として、監理団体がある。監理団体とは、技能実習法に基づく監理許可を受けて実習監理を行う事業（以下「監理事業」という。）を行う日本の営利を目的としない法人をいう（技能実習法2条10項）。

監理団体の許可は、一号技能実習から三号技能実習の監理を行う一般監理事業と、一号技能実習と二号技能実習のみの監理を行う特定監理事業に分かれる（技能実習法23条1項）。

監理団体の許可を受けられる法人は、次のとおりである（技能実習法25条1項1号、技能実習法施行規則29条1項）。そして、監理団体の多くが③の中小企業団体のうち事業協同組合（中小企業団体の組織に関する法律3条1項1号）である[34]。

---

[33] 「技能実習1号イ」、「技能実習2号イ」、「技能実習3号イ」、「技能実習1号ロ」、「技能実習2号ロ」及び「技能実習3号ロ」は、それぞれ別の在留資格である（入管法2条の2第1項かっこ書）。
[34] 監理団体については、外国人技能実習機構のウェブサイト（https://www.otit.go.jp/search_kanri/）で一覧が公開されている。

① 商工会議所（その実習監理を受ける団体監理型実習実施者が当該商工会議所の会員である場合に限る。）
② 商工会（その実習監理を受ける団体監理型実習実施者が当該商工会の会員である場合に限る。）
③ 中小企業団体（中小企業団体の組織に関する法律（昭和三十二年法律第百八十五号）第三条第一項に規定する中小企業団体をいう。）（その実習監理を受ける団体監理型実習実施者が当該中小企業団体の組合員又は会員である場合に限る。）
④ 職業訓練法人
⑤ 農業協同組合（その実習監理を受ける団体監理型実習実施者が当該農業協同組合の組合員であって農業を営む場合に限る。）
⑥ 漁業協同組合（その実習監理を受ける団体監理型実習実施者が当該漁業協同組合の組合員であって漁業を営む場合に限る。）
⑦ 公益社団法人
⑧ 公益財団法人
⑨ 前各号に掲げる法人以外の法人であって、監理事業を行うことについて特別の理由があり、かつ、重要事項の決定及び業務の監査を行う適切な機関を置いているもの

(カ) 送出機関

また、同様に団体監理型技能実習の担い手として、送出機関がある。送出機関とは団体監理型技能実習生になろうとする者からの団体監理型技能実習に係る求職の申込みを適切に本邦の監理団体に取り次ぐことができる者として主務省令で定める要件に適合するものをいう（技能実習法23条2項6号かっこ書）。

送出機関は、それぞれの送出国側の法律により設立、許可の付与等がされている。例えば、ベトナムを例にとると、「契約に基づくベトナム人労働者の海外派遣に関する法律」（72/2006/QH11）、政令126号（126/2007/ND-CP）、及び、通達21号（21/2013/TT-BLDTBXH）に基づき送出機関の許可が出されている。

送出機関の一覧についても、外国人技能実習機構のウェブサイトで公開されている[35]。

イ 在留資格の活動内容

技能実習の在留資格の活動内容は次のとおりである（入管法別表第一の二）。

一 次のイ又はロのいずれかに該当する活動
　イ 技能実習法第八条第一項の認定（技能実習法第十一条第一項の規定による変更の

---

[35] https://www.otit.go.jp/soushutsu_kikan_list/ （2019年4月7日）

認定があつたときは、その変更後のもの。以下同じ。）を受けた技能実習法第八条第一項に規定する技能実習計画（技能実習法第二条第二項第一号に規定する第一号企業単独型技能実習に係るものに限る。）に基づいて、講習を受け、及び技能、技術又は知識（以下「技能等」という。）に係る業務に従事する活動

ロ　技能実習法第八条第一項の認定を受けた同項に規定する技能実習計画（技能実習法第二条第四項第一号に規定する第一号団体監理型技能実習に係るものに限る。）に基づいて、講習を受け、及び技能等に係る業務に従事する活動

二　次のイ又はロのいずれかに該当する活動

イ　技能実習法第八条第一項の認定を受けた同項に規定する技能実習計画（技能実習法第二条第二項第二号に規定する第二号企業単独型技能実習に係るものに限る。）に基づいて技能等を要する業務に従事する活動

ロ　技能実習法第八条第一項の認定を受けた同項に規定する技能実習計画（技能実習法第二条第四項第二号に規定する第二号団体監理型技能実習に係るものに限る。）に基づいて技能等を要する業務に従事する活動

三　次のイ又はロのいずれかに該当する活動

イ　技能実習法第八条第一項の認定を受けた同項に規定する技能実習計画（技能実習法第二条第二項第三号に規定する第三号企業単独型技能実習に係るものに限る。）に基づいて技能等を要する業務に従事する活動

ロ　技能実習法第八条第一項の認定を受けた同項に規定する技能実習計画（技能実習法第二条第四項第三号に規定する第三号団体監理型技能実習に係るものに限る。）に基づいて技能等を要する業務に従事する活動

「技能実習1号」で行う活動は、技能実習計画に基づいて、講習を受け、及び技能等に係る業務に従事する活動であり、「技能実習2号」で行う活動は、技能実習計画に基づいて技能等を要する業務に従事する活動であり、「技能実習3号」で行う活動は、技能実習計画に基づいて技能等を要する業務に従事する活動である。

ウ　在留資格の該当基準

㈜　上陸許可基準と技能実習計画

「技能実習」の上陸許可基準は、次のとおりである。

本邦において行おうとする活動に係る技能実習計画（技能実習法第八条第一項に規定する技能実習計画をいう。）について、同項の認定がされていること。

では、技能実習の在留資格の該当性及び上陸許可基準でも出てくる技能実習計画とは何か。技能実習計画とは、技能実習を行わせようとする日本の法人または個人が、技能実習

第4　外国人材受入れのポイント

生ごとに作成する、技能実習の実施に関する計画のことを言う（技能実習法8条2項）。

　技能実習を行わせようとする日本の法人または個人は、技能実習計画を作成し、主務大臣に提出し、当該技能実習計画が適当である旨の認定を受ける（同法8条1項）。技能実習計画は、企業単独型技能実習の場合は実習実施者が作成し、団体監理型技能実習の場合は、監理団体の指導を受け、実習実施者が作成する（同法8条4項）。

　技能実習計画に記載すべき内容は、次のとおりである（同法8条2項）。

① 前項に規定する本邦の個人又は法人（以下この条、次条及び第十二条第五項において「申請者」という。）の氏名又は名称及び住所並びに法人にあっては、その代表者の氏名
② 法人にあっては、その役員の氏名及び住所
③ 技能実習を行わせる事業所の名称及び所在地
④ 技能実習生の氏名及び国籍
⑤ 技能実習の区分（第一号企業単独型技能実習、第二号企業単独型技能実習若しくは第三号企業単独型技能実習又は第一号団体監理型技能実習、第二号団体監理型技能実習若しくは第三号団体監理型技能実習の区分をいう。次条第二号において同じ。）
⑥ 技能実習の目標（技能実習を修了するまでに職業能力開発促進法（昭和四十四年法律第六十四号）第四十四条第一項の技能検定（次条において「技能検定」という。）又は主務省令で指定する試験（次条及び第五十二条において「技能実習評価試験」という。）に合格することその他の目標をいう。次条において同じ。）、内容及び期間
⑦ 技能実習を行わせる事業所ごとの技能実習の実施に関する責任者の氏名
⑧ 団体監理型技能実習に係るものである場合は、実習監理を受ける監理団体の名称及び住所並びに代表者の氏名
⑨ 報酬、労働時間、休日、休暇、宿泊施設、技能実習生が負担する食費及び居住費その他の技能実習生の待遇
⑩ その他主務省令で定める事項

　技能実習計画の認定基準は、技能実習生に対する報酬の額が日本人が従事する場合の報酬の額と同等以上であること等を含め、次の各基準によって行われる（技能実習法9条）。

① 修得等をさせる技能等が、技能実習生の本国において修得等が困難なものであること。
② 技能実習の目標及び内容が、技能実習の区分に応じて主務省令で定める基準に適合していること。
③ 技能実習の期間が、第一号企業単独型技能実習又は第一号団体監理型技能実習に係るものである場合は一年以内、第二号企業単独型技能実習若しくは第三号企業単独型

技能実習又は第二号団体監理型技能実習若しくは第三号団体監理型技能実習に係るものである場合は二年以内であること。

④ 第二号企業単独型技能実習又は第二号団体監理型技能実習に係るものである場合はそれぞれ当該技能実習計画に係る技能等に係る第一号企業単独型技能実習又は第一号団体監理型技能実習に係る技能実習計画、第三号企業単独型技能実習又は第三号団体監理型技能実習に係るものである場合はそれぞれ当該技能実習計画に係る技能等に係る第二号企業単独型技能実習又は第二号団体監理型技能実習に係る技能実習計画において定めた技能検定又は技能実習評価試験の合格に係る目標が達成されていること。

⑤ 技能実習を修了するまでに、技能実習生が修得等をした技能等の評価を技能検定若しくは技能実習評価試験又は主務省令で定める評価により行うこと。

⑥ 技能実習を行わせる体制及び事業所の設備が主務省令で定める基準に適合していること。

⑦ 技能実習を行わせる事業所ごとに、主務省令で定めるところにより技能実習の実施に関する責任者が選任されていること。

⑧ 団体監理型技能実習に係るものである場合は、申請者が、技能実習計画の作成について指導を受けた監理団体による実習監理を受けること。

⑨ 技能実習生に対する報酬の額が日本人が従事する場合の報酬の額と同等以上であることその他技能実習生の待遇が主務省令で定める基準に適合していること。

⑩ 第三号企業単独型技能実習又は第三号団体監理型技能実習に係るものである場合は、申請者が技能等の修得等をさせる能力につき高い水準を満たすものとして主務省令で定める基準に適合していること。

⑪ 申請者が技能実習の期間において同時に複数の技能実習生に技能実習を行わせる場合は、その数が主務省令で定める数を超えないこと。

(イ) 在留資格の変更

「技能実習」の在留資格は、1年目の在留資格である「技能実習1号」から、2～3年目の在留資格である「技能実習2号」の在留資格を変更し、また、「技能実習2号」から3～5年目の在留資格である「技能実習3号」へ在留資格の変更を行う（入管法20条1項・3項）[36]。

---

[36] なお、2019年3月14日時点では、移行対象職種・作業の一部で「技能実習3号」に在留資格の変更ができないものがあるので注意されたい。

第4　外国人材受入れのポイント

a　「技能実習1号」から「技能実習2号」への変更

「技能実習2号」に変更するには、技能実習の内容が、移行対象職種・作業であることが必要である（技能実習法9条2号、技能実習法施行規則10条2項1号ロ）。

また、②対象者としては、技能実習1号で定めた目標である、技能等に係る基礎級の技能検定又はこれに相当する技能実習評価試験の実技試験及び学科試験の合格を達成した者である必要がある（技能実習法9条4号、技能実習法施行規則10条1項1号）。

技能検定等の受験は、技能実習1号の修了3ヶ月までに受験することが推奨されている（技能実習運用要領71頁）。

「技能実習2号」の場合も、技能実習計画の認定が必要である（技能実習法8条1項）。技能実習計画の認定の申請は、技能実習開始予定日の6ヶ月前から可能であり、また、原則として、技能実習開始予定日の3ヶ月前に行う必要がある（技能実習運用要領12頁）。

技能実習計画の認定が行われたときは、外国人技能実習機構より、認定通知書が交付される（技能実習法施行規則5条1項、2項）。

そして、技能実習計画認定通知書、認定の申請書の写し及び年間の収入及び納税額に関する証明書を添付資料として、在留資格変更許可申請を行う（入管法20条3項、入管法施行規則20条2項、別表第三）。

b　「技能実習2号」から「技能実習3号」への変更

「技能実習2号」から「技能実習3号」への在留資格の変更も、流れは「技能実習1号」から「技能実習2号」への変更と概ね同様であるが、一時帰国を要する等、一部異なる点もある。

「技能実習3号」についても、技能実習の内容が移行対象職種・作業である必要がある（技能実習法9条2号、技能実習法施行規則10条2項1号ロ）。

また、対象者として、一号技能実習の際の目標である、習熟をさせる技能等に係る三級の技能検定又はこれに相当する技能実習評価試験の実技試験の合格を達成した者である必要がある（技能実習法9条4号、技能実習法施行規則10条1項2号）。

技能検定等の受験時期については、「技能実習2号」が修了する6ヶ月前までに受験することが推奨されている（技能実習制度運用要領71頁）。

「技能実習3号」の場合も、技能実習計画の認定が必要である（技能実習法8条1項）。技能実習計画の認定の申請が、技能実習開始予定日の6ヶ月前から可能であり、また、原則として、技能実習開始予定日の4ヶ月前まで（二号技能実習の修了後、1ヶ月以上の帰国期間の後、速やかに三号技能実習を開始する場合は、二号技能実習を修了する予定の3ヶ月前まで）に行う必要がある（技能実習運用要領15頁）。

技能実習計画の認定が行われたときは、外国人技能実習機構より、認定通知書が交付される（技能実習法施行規則5条1項、2項）。

そして、技能実習計画認定通知書、認定の申請書の写し及び年間の収入及び納税額に関する証明書を添付資料として、在留資格変更許可申請を行う（入管法20条3項、入管法施行規則20条2項、別表第三）。

「技能実習3号」の在留資格への変更の場合に特徴的なのは、二号技能実習の終了後本国に1月以上帰国することが求められる点である（技能実習法9条2号、技能実習法施行規則10条2項3号ト）。

この1月以上の帰国と在留資格変更手続の関係であるが、在留資格変更許可申請中の技能実習生については、入管法20条5項に規定する特例期間（在留資格変更許可申請中に限り在留期間の満了日が最大2ヶ月延長される。）を活用して、入管法26条1項が定めるみなし再入国許可により1ヶ月以上の一旦帰国を行うことが可能である。

エ　在留期間と更新

在留期間は次のとおりであり（入管法施行規則3条、別表第2）、技能実習1号では通算1年を、技能実習2号、3号では通算2年を超えない範囲で更新が可能である（入管法施行規則別表第3の3参照）。

なお、在留期間は必ずしも技能実習計画認定通知書どおりの期間が付与されるわけではない（技能実習運用要領69頁）。

技能実習1号	一年を超えない範囲内で法務大臣が個々の外国人について指定する期間
技能実習2号・3号	二年を超えない範囲内で法務大臣が個々の外国人について指定する期間

オ　在留資格の特徴

㋐　技能実習の制度目的

これまで外国人材として産業の現場を支えていたのは、技能実習生である。これは、日本が原則として、専門的・技術的分野のみ、外国人材を受け入れてきた中、技能実習制度については、産業の現場で働くことができる外国人材を招聘できたからである。

もっとも、繰り返しになるが、技能実習制度は「人材育成を通じた開発途上地域等への技能、技術又は知識（省略）の移転による国際協力を推進することを目的とする」とあるように、国際協力の推進のための制度である。また、「技能実習は、労働力の需給の調整の手段として行われてはならない。」（技能実習法3条）と規定されている。

「特定技能」という、産業の現場を支える外国人材のための在留資格が設けられた現在においては、これまで以上に、技能実習生の目的を認識して、技能実習制度と接する必要がある。

この制度目的を認識せずに技能実習制度と接した場合、行政処分となる法令違反を犯す可能性が高い。そして、法令違反を行った場合には、「技能実習」や「特定技能」の在留資格で活動する外国人材の採用が5年間は不可能となる（改正入管法2条の5第3項、技能

実習法10条、特定技能基準省令2条)。

そのため、既に技能実習生を受け入れている機関においては、今一度、技能実習制度の目的に合致した運用が出来ているかを確認する必要がある。

(イ) 技能実習の全体像

「技能実習1号」から「技能実習3号」までの全体像をまとめると、次のとおりとなる(図表15)。

図表15 技能実習の全体像

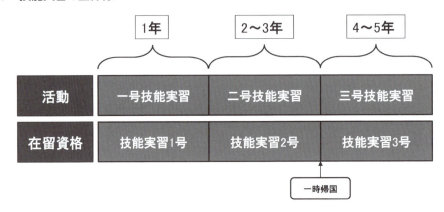

(ウ) 特定技能への移行

一定の職種・作業における二号技能実習を修了した者は、「特定技能1号」の在留資格に移行することができる。今後、新たに技能実習を開始する場合は、「特定技能1号」への移行を予定するか、予定する場合はどの時点か(二号技能実習の修了時なのか、三号技能実習の修了時なのか)を、あらかじめ技能実習生及び団体管理型技能実習の場合は監理団体及び送出機関との間で協議しておくことが、紛争回避の観点から望ましい。

カ 提出書類

「技能実習」についての在留資格認定証明書交付申請に必要な資料は次のとおりである[37]。

1　在留資格認定証明書交付申請書　1通
2　写真(縦4cm×横3cm)　1葉
3　返信用封筒(定形封筒に宛先を明記の上、送料分の切手(簡易書留用)を貼付したもの)　1通

---

[37] 詳細は法務省のウェブサイト(http://www.moj.go.jp/nyuukokukanri/kouhou/nyuukokukanri07_00145.html)を参照されたい。

4 技能実習法第8条第1項の認定(技能実習法第11条第1項の規定による変更の認定があったときは、その変更後のもの。)を受けた技能実習計画に係る技能実習計画認定通知書及び認定の申請書の写し 1通
※ 申請に係る在留資格が技能実習法第2条第2項及び第4項各号に規定する技能実習の区分に対応するものに限る(技能実習1号イの申請の場合は第1号企業単独型技能実習の技能実習計画に係る技能実習計画認定通知書及び認定の申請書の写し)。
5 身分を証する文書(身分証明書等) 提示

(5) 特定技能

ア 特定技能制度

(ア) はじめに

2019年4月から改正入管法が施行され、新たに「特定技能1号」及び「特定技能2号」の在留資格が設けられた。この在留資格及び関連する制度を含めて「特定技能制度」と呼称する。

特定技能制度が設けられた意義は「中小・小規模事業者をはじめとした深刻化する人手不足に対応するため、生産性向上や国内人材の確保のための取組を行ってもなお人材を確保することが困難な状況にある産業上の分野において、一定の専門性・技能を有し即戦力となる外国人を受け入れていく仕組みを構築することである。」(基本指針1頁)。

「特定技能1号」及び「特定技能2号」と既存の在留資格の関係を簡単にまとめたのが、次の図である(図表16)。日本ではこれまで専門的・技術的分野とされる「高度専門職」

図表16 在留資格の位置づけ

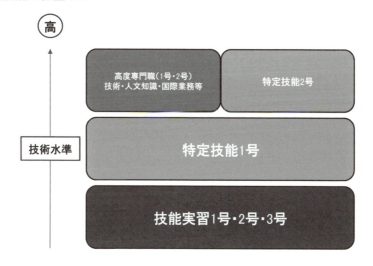

や「技術・人文知識・国際業務」等の活動を行う外国人材について受け入れを行ってきた。

また、国際協力の推進という目的（技能実習法1条）で、実質的に産業の現場を支える外国人材を技能実習生として受け入れてきた。

今回の特定技能制度において設けられた「特定技能1号」は、特定の産業分野に限られるが、「技能実習」と専門的・技術的分野における在留資格の中間に位置する在留資格と位置づけられる。

(イ) 制度の法的枠組み

特定技能は、技能実習法のような個別法が策定されるのではなく、入管法の改正によって制度が作られている。

a 基本方針

改正入管法2条の3に基づき、特定技能の在留資格に係る制度の適正な運用を図るため、特定技能の在留資格に係る制度の運用に関する基本方針が策定される。

この基本方針に規定される事項は、次のとおりである（同法2条の3第2項）。

① 特定技能の在留資格に係る制度の意義に関する事項
② 人材を確保することが困難な状況にあるため外国人により不足する人材の確保を図るべき産業上の分野に関する基本的な事項
③ 前号の産業上の分野において求められる人材に関する基本的な事項
④ 特定技能の在留資格に係る制度の運用に関する関係行政機関の事務の調整に関する基本的な事項
⑤ 前各号に掲げるもののほか、特定技能の在留資格に係る制度の運用に関する重要事項

b 分野別運用方針

次に、改正入管法2条の4第1項に基づき、基本方針にのっとり、人材を確保することが困難な状況にあるため外国人により不足する人材の確保を図るべき産業上の分野（以下「特定産業分野」という[38]。）について、当該産業上の分野における特定技能制度の適正な運用を図るため、当該産業上の分野における分野別運用方針が規定されている。

分野別運用方針で規定される事項は次のとおりである（同条第2項）。

① 当該分野別運用方針において定める人材を確保することが困難な状況にあるため外国人により不足する人材の確保を図るべき産業上の分野
② 前号の産業上の分野における人材の不足の状況（当該産業上の分野において人材が

---

[38] なお、改正入管法別表一の二「特定技能」の項目の下段における「人材を確保することが困難な状況にあるため外国人により不足する人材の確保を図るべき産業上の分野として法務省令で定めるもの」についても「特定産業分野」の用語を用いる。

不足している地域の状況を含む。）に関する事項
③　第一号の産業上の分野において求められる人材の基準に関する事項
④　第一号の産業上の分野における在留資格認定証明書の交付の停止の措置又は交付の再開の措置に関する事項
⑤　前各号に掲げるもののほか、第一号の産業上の分野における特定技能の在留資格に係る制度の運用に関する重要事項

また、特定産業分野ごとに分野別運用方針の運用要領が規定されている。

c　省令

特定技能制度では、改正入管法2条の5に「特定技能雇用契約」及び「一号特定技能外国人支援計画」という概念が定められている。この「特定技能雇用契約」及び「一号特定技能外国人支援計画」の基準を定める省令として「特定技能基準省令」が定められている。

また、改正入管法別表第一の二の表の特定技能の項の下欄の産業上の分野等を定める省令として「分野省令」が規定されている。

「特定技能雇用契約」、「一号特定技能外国人支援計画」及び「特定産業分野」の意味内容については後述(オ)、(カ)、(ク)のとおりである。

(ウ)　特定技能の仕組み

特定技能は、専門的・技術的分野とされる在留資格とも、技能実習制度とも異なった制度となっている。特定技能の制度を簡単に図示したのが、次の図である（図表17）。

図表17　特定技能の制度

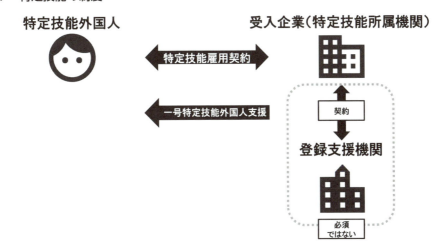

第4 外国人材受入れのポイント

(エ) 制度の特徴

特定技能制度は、技能実習制度と異なり[39]、特定技能外国人と受入企業である特定技能所属機関とが、直接雇用契約を締結する。技能実習制度で関与していた送出機関や監理団体は必須のものではない[40]。

特定技能所属機関は、法令で定められた基準に合致する特定技能雇用契約を締結し、また、一号特定技能外国人支援を提供できれば、第三者の関与なく、特定技能外国人の受け入れ及び雇用が可能となる。

(オ) 特定技能雇用契約

特定技能外国人と特定技能所属機関が締結する雇用契約は「特定技能雇用契約」と定義付けされ、次の事項が適切に定められているものとして特定技能基準省令で定められた基準に適合する雇用契約である必要がある（改正入管法2条の5第1項）。

> ① 特定技能雇用契約に基づいて当該外国人が行う当該活動の内容及びこれに対する報酬その他の雇用関係に関する事項
> ② 前号に掲げるもののほか、特定技能雇用契約の期間が満了した外国人の出国を確保するための措置その他当該外国人の適正な在留に資するために必要な事項

そして、特定技能基準省令で定める基準は、次のとおりである（同省令1条1項）。

〔上記①の事項〕

> 労働基準法その他の労働に関する法令の規定に適合していることのほか、次のとおりとする。
> A) 分野省令で定める分野に属する同令で定める相当程度の知識若しくは経験を必要とする技能を要する業務又は当該分野に属する同令で定める熟練した技能を要する業務に外国人を従事させるものであること。
> B) 外国人の所定労働時間が、特定技能所属機関に雇用される通常の労働者の所定労働時間と同等であること。
> C) 外国人に対する報酬の額が日本人が従事する場合の報酬の額と同等以上であること。
> D) 外国人であることを理由として、報酬の決定、教育訓練の実施、福利厚生施設の利用その他の待遇について、差別的な取扱いをしていないこと。

---

[39] 特定技能制度と技能実習制度とは、目的も異なるものであり、単純に比較することは適切ではないとも思える。しかし、これまで事実上産業の現場を支えてくれていたのは技能実習生であり、実務的にも技能実習制度と比較しながら説明した方が理解しやすいと思われるため、適時、技能実習制度と比較しながら説明する。
[40] ただし、送出国の法令や2国間協定によって送出機関の関与が必要となる可能性はある。

> E) 外国人が一時帰国を希望した場合には、必要な有給休暇を取得させるものとしていること。
> F) 外国人を労働者派遣等の対象とする場合にあっては、当該外国人が労働者派遣等をされることとなる本邦の公私の機関の氏名又は名称及び住所並びにその派遣の期間が定められていること。
> G) 前各号に掲げるもののほか、法務大臣が告示で定める特定の産業上の分野に係るものにあっては、当該産業上の分野を所管する関係行政機関の長が、法務大臣と協議の上、当該産業上の分野に特有の事情に鑑みて告示で定める基準に適合すること。

〔上記②の事項〕

> A) 外国人が特定技能雇用契約の終了後の帰国に要する旅費を負担することができないときは、当該特定技能雇用契約の相手方である特定技能所属機関が、当該旅費を負担するとともに、当該特定技能雇用契約の終了後の出国が円滑になされるよう必要な措置を講ずることとしていること。
> B) 特定技能所属機関が外国人の健康の状況その他の生活の状況を把握するために必要な措置を講ずることとしていること。
> C) 前各号に掲げるもののほか、法務大臣が告示で定める特定の産業上の分野に係るものにあっては、当該産業上の分野を所管する関係行政機関の長が、法務大臣と協議の上、当該産業上の分野に特有の事情に鑑みて告示で定める基準に適合すること。

(カ) 一号特定技能外国人支援・同計画・登録支援機関

a 一号特定技能外国人支援・同計画

特定技能外国人を受け入れる機関は、外国人が当該活動を安定的かつ円滑に行うことができるようにするための職業生活上、日常生活上又は社会生活上の支援(以下「一号特定技能外国人支援」という。)の実施に関する計画(以下「一号特定技能外国人支援計画」という。)を作成しなければならない(改正入管法2条の5第6項)。

一号特定技能外国人支援計画の記載事項は、次のとおりである(特定技能基準省令3条1項)。一号特定技能外国人支援計画は、日本語及び特定技能外国人が十分に理解する言語で作成し、写しを特定技能外国人に交付する必要がある(同省令3条2項)。

> ① 次に掲げる事項を含む職業生活上、日常生活上又は社会生活上の支援の内容
>   イ 法別表第一の二の表の特定技能の項の下欄第一号に掲げる活動を行おうとする外国人に係る在留資格認定証明書の交付の申請前(当該外国人が他の在留資格をもって本邦に在留している場合にあっては、在留資格の変更の申請前)に、当該外国人

に対し、特定技能雇用契約の内容、当該外国人が本邦において行うことができる活動の内容、上陸及び在留のための条件その他の当該外国人が本邦に上陸し在留するに当たって留意すべき事項に関する情報の提供を実施すること（★）。
ロ　当該外国人が出入国しようとする港又は飛行場において当該外国人の送迎をすること。
ハ　当該外国人が締結する賃貸借契約に基づく当該外国人の債務についての保証人となることその他の当該外国人のための適切な住居の確保に係る支援をすることのほか、銀行その他の金融機関における預金口座又は貯金口座の開設及び携帯電話の利用に関する契約その他の生活に必要な契約に係る支援をすること。
ニ　当該外国人が本邦に入国した後（当該外国人が他の在留資格をもって本邦に在留している者である場合にあっては、在留資格の変更を受けた後）、次に掲げる事項に関する情報の提供を実施すること（★）。
　(1)本邦での生活一般に関する事項
　(2)法第十九条の十六その他の法令の規定により当該外国人が履行しなければならない又は履行すべき国又は地方公共団体の機関に対する届出その他の手続
　(3)特定技能所属機関又は当該特定技能所属機関から契約により一号特定技能外国人支援の実施の委託を受けた者において相談又は苦情の申出に対応することとされている者の連絡先及びこれらの相談又は苦情の申出をすべき国又は地方公共団体の機関の連絡先
　(4)当該外国人が十分に理解することができる言語により医療を受けることができる医療機関に関する事項
　(5)防災及び防犯に関する事項並びに急病その他の緊急時における対応に必要な事項
　(6)出入国又は労働に関する法令の規定に違反していることを知ったときの対応方法その他当該外国人の法的保護に必要な事項
ホ　当該外国人がニ(2)に掲げる届出その他の手続を履行するに当たり、必要に応じ、関係機関への同行その他の必要な支援をすること。
ヘ　本邦での生活に必要な日本語を学習する機会を提供すること。
ト　当該外国人から職業生活、日常生活又は社会生活に関し、相談又は苦情の申出を受けたときは、遅滞なく、当該相談又は苦情に適切に応じるとともに、当該外国人への助言、指導その他の必要な措置を講ずること（★）。
チ　当該外国人と日本人との交流の促進に係る支援をすること。
リ　当該外国人が、その責めに帰すべき事由によらないで特定技能雇用契約を解除される場合においては、公共職業安定所その他の職業安定機関又は職業紹介事業者等

の紹介その他の他の本邦の公私の機関との特定技能雇用契約に基づいて法別表第一の二の表の特定技能の項の下欄第一号に掲げる活動を行うことができるようにするための支援をすること。
　ヌ　支援責任者又は支援担当者が当該外国人及びその監督をする立場にある者と定期的な面談を実施し、労働基準法その他の労働に関する法令の規定に違反していることその他の問題の発生を知ったときは、その旨を労働基準監督署その他の関係行政機関に通報すること（★）。
② 適合一号特定技能外国人支援計画の全部の実施を契約により登録支援機関に委託する場合にあっては、当該登録支援機関に係る登録支援機関登録簿に登録された事項及び当該契約の内容
③ 一号特定技能外国人支援の実施を契約により他の者に委託する場合にあっては、当該他の者の氏名又は名称及び住所並びに当該契約の内容
④ 支援責任者及び支援担当者の氏名及び役職名
⑤ 前各号に掲げるもののほか、法務大臣が告示で定める特定の産業上の分野に係るものにあっては、当該産業上の分野を所管する関係行政機関の長が、法務大臣と協議の上、当該産業上の分野に特有の事情に鑑みて告示で定める事項

　そして、一号特定技能外国人支援計画は、法務省令で定める基準に適合するものでなければならない（改正入管法2条の5第8項）。
　かかる基準は次のとおりである（特定技能基準省令4条）。この基準によって、特定技能外国人が十分に理解することができる言語[41]により実施が必要なものについては、上記の第一号特定技能外国人支援計画の記載事項のうち「★」を付けてある。

① 特定技能外国人に対する職業生活上、日常生活上又は社会生活上の支援の内容が、当該外国人の適正な在留に資するものであって、かつ、特定技能所属機関及び特定技能所属機関から契約により一号特定技能外国人支援の全部又は一部の実施の委託を受けた者において適切に実施することができるものであること。
② 前条第一項第一号イに掲げる支援が、対面により又はテレビ電話装置その他の方法により実施されることとされていること。
③ 前条第一項第一号イ、ニ、ト及びヌ（外国人との定期的な面談の実施の場合に限る。）に掲げる支援が、外国人が十分に理解することができる言語により実施されることと

---

[41]「十分に理解することができる言語」とは、特定技能外国人の母国語には限られないが、当該外国人が内容を余すことなく理解できるものをいう（特定技能運用要領71頁）。

されていること（「★」部分）。
④　一号特定技能外国人支援の一部の実施を契約により他の者に委託する場合にあっては、その委託の範囲が明示されていること。
⑤　前各号に掲げるもののほか、法務大臣が告示で定める特定の産業上の分野に係るものにあっては、当該産業上の分野を所管する関係行政機関の長が、法務大臣と協議の上、当該産業上の分野に特有の事情に鑑みて告示で定める基準に適合すること。

b　登録支援機関

特定技能所属機関は、適合一号特定技能外国人支援計画（改正入管法２条の５第６項及び７項に適合するものをいう。）に基づき一号特定技能外国人支援を行わなければならない（改正入管法19条の22第１項）。また、特定技能所属機関は、一号特定技能外国人支援計画の実施の一部又はすべてを第三者に委託することができる（同条２項）。

契約により委託を受けて適合一号特定技能外国人支援計画の全部の実施の業務（以下「支援業務」という。）を行う者は、出入国在留管理庁長官の登録を受けることができる（改正入管法19条の23第１項）。

かかる登録を受けた機関が登録支援機関であり（入管法19条の27第１項）、技能実習制度における監理団体と異なり、法人格の種類について限定はなく、また個人であっても登録支援機関となることができる[42]。

㈖　特定技能所属機関

特定技能所属機関とは、特定技能雇用契約の相手方である本邦の公私の機関をいう（改正入管法19条の18第１項柱書）。

そして、特定技能所属機関については、次の事項が確保されるものとして、特定技能基準省令で定めた基準に適合するものであることが必要である（改正入管法２条の５第３項）。

①　入管法２条の５第１項及び２項の規定に適合する特定技能雇用契約（以下「適合特定技能雇用契約」という。）の適正な履行
②　入管法２条の５第６項及び第７項の規定に適合する一号特定技能外国人支援計画（以下「適合一号特定技能外国人支援計画」という。）の適正な実施

これを受けて、特定技能基準省令２条１項、２項では、次のとおり基準を設けている。

42 営利を目的とする株式会社であっても登録支援機関としての登録を受けることは可能であり（「外国人材の受入れ制度に係るＱ＆Ａ」Q59）、個人やボランティアサークル等の法人格のない団体であっても登録を受けることは可能である（「外国人材の受入れ制度に係るＱ＆Ａ」Q60）。

〔①に関する事項〕

一 労働、社会保険及び租税に関する法令の規定を遵守していること。

二 特定技能雇用契約の締結の日前一年以内又はその締結の日以後に、当該特定技能雇用契約において外国人が従事することとされている業務と同種の業務に従事していた労働者（次に掲げる者を除く。）を離職させていないこと。

 イ 定年その他これに準ずる理由により退職した者

 ロ 自己の責めに帰すべき重大な理由により解雇された者

 ハ 有期労働契約の期間満了時に当該有期労働契約を更新しないことにより当該有期労働契約を終了（労働者が当該有期労働契約の更新の申込みをした場合又は当該有期労働契約の期間満了後遅滞なく有期労働契約の締結の申込みをした場合であって、当該有期労働契約の相手方である特定技能所属機関が当該労働者の責めに帰すべき重大な理由その他正当な理由により当該申込みを拒絶することにより当該有期労働契約を終了させる場合に限る。）された者

 ニ 自発的に離職した者

三 特定技能雇用契約の締結の日前一年以内又はその締結の日以後に、当該特定技能雇用契約の相手方である特定技能所属機関の責めに帰すべき事由により外国人の行方不明者を発生させていないこと。

四 次のいずれにも該当しないこと。

 イ 禁錮以上の刑に処せられ、その執行を終わり、又は執行を受けることがなくなった日から起算して五年を経過しない者

 ロ 次（編注、特定技能雇用契約等基準省令2条2項4号ロ）に掲げる規定又はこれらの規定に基づく命令の規定により、罰金の刑に処せられ、その執行を終わり、又は執行を受けることがなくなった日から起算して五年を経過しない者（中略）

 ハ 暴力団員による不当な行為の防止等に関する法律の規定により、又は刑法第二百四条、第二百六条、第二百八条、第二百八条の二、第二百二十二条若しくは第二百四十七条の罪若しくは暴力行為等処罰に関する法律の罪を犯したことにより、罰金の刑に処せられ、その執行を終わり、又は執行を受けることがなくなった日から起算して五年を経過しない者

 ニ 健康保険法第二百八条、第二百十三条の二若しくは第二百十四条第一項、船員保険法第百五十六条、第百五十九条若しくは第百六十条第一項、労働者災害補償保険法第五十一条前段若しくは第五十四条第一項（同法第五十一条前段の規定に係る部分に限る。）、厚生年金保険法第百二条、第百三条の二若しくは第百四条第一項（同法第百二条又は第百三条の二の規定に係る部分に限る。）、労働保険の保険料の徴収

等に関する法律（昭和四十四年法律第八十四号）第四十六条前段若しくは第四十八条第一項（同法第四十六条前段の規定に係る部分に限る。）又は雇用保険法（昭和四十九年法律第百十六号）第八十三条若しくは第八十六条（同法第八十三条の規定に係る部分に限る。）の規定により、罰金の刑に処せられ、その執行を終わり、又は執行を受けることがなくなった日から起算して五年を経過しない者

ホ　精神の機能の障害により特定技能雇用契約の履行を適正に行うに当たっての必要な認知、判断及び意思疎通を適切に行うことができない者

ヘ　破産手続開始の決定を受けて復権を得ない者

ト　技能実習法第十六条第一項の規定により実習認定を取り消され、当該取消しの日から起算して五年を経過しない者

チ　技能実習法第十六条第一項の規定により実習認定を取り消された者が法人である場合（同項第三号の規定により実習認定を取り消された場合については、当該法人がロ又はニに規定する者に該当することとなったことによる場合に限る。）において、当該取消しの処分を受ける原因となった事項が発生した当時現に当該法人の役員（業務を執行する社員、取締役、執行役又はこれらに準ずる者をいい、相談役、顧問その他いかなる名称を有する者であるかを問わず、法人に対し業務を執行する社員、取締役、執行役又はこれらに準ずる者と同等以上の支配力を有するものと認められる者を含む。ヲにおいて同じ。）であった者で、当該取消しの日から起算して五年を経過しないもの

リ　特定技能雇用契約の締結の日前五年以内又はその締結の日以後に、次に掲げる行為その他の出入国又は労働に関する法令に関し不正又は著しく不当な行為をした者

(1)外国人に対して暴行し、脅迫し又は監禁する行為

(2)外国人の旅券又は在留カードを取り上げる行為

(3)外国人に支給する手当又は報酬の一部又は全部を支払わない行為

(4)外国人の外出その他私生活の自由を不当に制限する行為

(5)(1)から(4)までに掲げるもののほか、外国人の人権を著しく侵害する行為

(6)外国人に係る出入国又は労働に関する法令に関して行われた不正又は著しく不当な行為に関する事実を隠蔽する目的又はその事業活動に関し外国人に法第三章第一節若しくは第二節の規定による証明書の交付、上陸許可の証印若しくは許可、同章第四節の規定による上陸の許可若しくは法第四章第一節若しくは第二節若しくは第五章第三節の規定による許可を受けさせる目的で、偽造若しくは変造された文書若しくは図画若しくは虚偽の文書若しくは図画を行使し、又は提供する行為

(7) 特定技能雇用契約に基づく当該外国人の本邦における活動に関連して、保証金の徴収若しくは財産の管理又は当該特定技能雇用契約の不履行に係る違約金を定める契約その他不当に金銭その他の財産の移転を予定する契約を締結する行為

(8) 外国人若しくはその配偶者、直系若しくは同居の親族その他当該外国人と社会生活において密接な関係を有する者との間で、特定技能雇用契約に基づく当該外国人の本邦における活動に関連して定技能雇用契約を締結する行為

(9) 法第十九条の十八の規定による届出をせず、又は虚偽の届出をする行為

(10) 法第十九条の二十第一項の規定による報告若しくは帳簿書類の提出若しくは提示をせず、若しくは虚偽の報告若しくは虚偽の帳簿書類の提出若しくは提示をし、又は同項の規定による質問に対して答弁をせず、若しくは虚偽の答弁をし、若しくは同項の規定による検査を拒み、妨げ、若しくは忌避する行為

(11) 法第十九条の二十一第一項の規定による処分に違反する行為

ヌ　暴力団員による不当な行為の防止等に関する法律第二条第六号に規定する暴力団員（以下「暴力団員」という。）又は暴力団員でなくなった日から五年を経過しない者（以下「暴力団員等」という。）

ル　営業に関し成年者と同一の行為能力を有しない未成年者であって、その法定代理人がイからヌまで又はヲのいずれかに該当するもの

ヲ　法人であって、その役員のうちにイからルまでのいずれかに該当する者があるもの

ワ　暴力団員等がその事業活動を支配する者

五　特定技能雇用契約に係る外国人の活動の内容に係る文書を作成し、当該外国人に当該特定技能雇用契約に基づく活動をさせる事業所に当該特定技能雇用契約の終了の日から一年以上備えて置くこととしていること。

六　特定技能雇用契約を締結するに当たり、外国人又はその配偶者、直系若しくは同居の親族その他当該外国人と社会生活において密接な関係を有する者が、当該特定技能雇用契約に基づく当該外国人の本邦における活動に関連して、他の者に、保証金の徴収その他名目のいかんを問わず金銭その他の財産の管理をされている場合、又は、他の者との間で、当該特定技能雇用契約の不履行について違約金を定める契約その他の不当に金銭その他の財産の移転を予定する契約を締結している場合にあっては、そのことを認識して当該特定技能雇用契約を締結していないこと。

七　他の者との間で、特定技能雇用契約に基づく当該外国人の本邦における活動に関連して、当該特定技能雇用契約の不履行について違約金を定める契約その他の不当に金銭その他の財産の移転を予定する契約を締結していないこと。

八　法別表第一の二の表の特定技能の項の下欄第一号に掲げる活動を行おうとする外国人と特定技能雇用契約を締結しようとする本邦の公私の機関にあっては、一号特定技能外国人支援に要する費用について、直接又は間接に当該外国人に負担させないこととしていること。
九　外国人を労働者派遣等の対象としようとする本邦の公私の機関にあっては、次のいずれにも該当すること。
　イ　外国人を労働者派遣等の対象としようとする本邦の公私の機関が、次のいずれかに該当し、かつ、外国人が派遣先において従事する業務の属する特定産業分野を所管する関係行政機関の長と協議の上で適当であると認められる者であること。
　　(1)当該特定産業分野に係る業務又はこれに関連する業務を行っている者であること。
　　(2)地方公共団体又は(1)に掲げる者が資本金の過半数を出資していること。
　　(3)地方公共団体の職員又は(1)に掲げる者若しくはその役員若しくは職員が役員であることその他地方公共団体又は(1)に掲げる者が業務執行に実質的に関与していると認められる者であること。
　　(4)外国人が派遣先において従事する業務の属する分野が農業である場合にあっては、国家戦略特別区域法（平成二十五年法律第百七号）第十六条の五第一項に規定する特定機関であること。
　ロ　外国人を労働者派遣等の対象としようとする本邦の公私の機関が、第一号から第四号までのいずれにも該当する者に当該外国人に係る労働者派遣等をすることとしていること。
十　事業に関する労働者災害補償保険法による労働者災害補償保険に係る保険関係の成立の届出その他これに類する措置を講じていること。
十一　特定技能雇用契約を継続して履行する体制が適切に整備されていること。
十二　特定技能雇用契約に基づく外国人の報酬を、当該外国人の指定する銀行その他の金融機関に対する当該外国人の預金口座又は貯金口座への振込み又は当該外国人に現実に支払われた額を確認することができる方法によって支払われることとしており、かつ、当該預金口座又は貯金口座への振込み以外の方法によって報酬の支払をした場合には、出入国在留管理庁長官に対しその支払の事実を裏付ける客観的な資料を提出し、出入国在留管理庁長官の確認を受けることとしていること。
十三　前各号に掲げるもののほか、法務大臣が告示で定める特定の産業上の分野に係るものにあっては、当該産業上の分野を所管する関係行政機関の長が、法務大臣と協議の上、当該産業上の分野に特有の事情に鑑みて告示で定める基準に適合すること。

〔②に関する基準〕

一 次のいずれかに該当すること。
　イ　過去二年間に法別表第一の一の表、二の表及び五の表の上欄の在留資格（収入を伴う事業を運営する活動又は報酬を受ける活動を行うことができる在留資格に限る。ロにおいて同じ。）をもって在留する中長期在留者の受入れ又は管理を適正に行った実績があり、かつ、役員又は職員の中から、適合一号特定技能外国人支援計画の実施に関する責任者（以下「支援責任者」という。）及び外国人に特定技能雇用契約に基づく活動をさせる事業所ごとに一名以上の適合一号特定技能外国人支援計画に基づく支援を担当する者（以下「支援担当者」という。）を選任していること（ただし、支援責任者は支援担当者を兼ねることができる。以下同じ。）。
　ロ　役員又は職員であって過去二年間に法別表第一の一の表、二の表及び五の表の上欄の在留資格をもって在留する中長期在留者の生活相談業務に従事した経験を有するものの中から、支援責任者及び外国人に特定技能雇用契約に基づく活動をさせる事業所ごとに一名以上の支援担当者を選任していること。
　ハ　イ又はロの基準に適合する者のほか、これらの者と同程度に支援業務を適正に実施することができる者として認めたもので、役員又は職員の中から、支援責任者及び外国人に特定技能雇用契約に基づく活動をさせる事業所ごとに一名以上の支援担当者を選任していること。
二　特定技能雇用契約の当事者である外国人に係る一号特定技能外国人支援計画に基づく職業生活上、日常生活上又は社会生活上の支援を当該外国人が十分に理解することができる言語によって行うことができる体制を有していること。
三　一号特定技能外国人支援の状況に係る文書を作成し、当該一号特定技能外国人支援を行う事業所に特定技能雇用契約の終了の日から一年以上備えて置くこととしていること。
四　支援責任者及び支援担当者が、外国人を監督する立場にない者その他の一号特定技能外国人支援計画の中立な実施を行うことができる立場の者であり、かつ、第一項第四号イからルまでのいずれにも該当しない者であること。
五　特定技能雇用契約の締結の日前五年以内又はその締結の日以後に、法第十九条の二十二第一項の規定に反して適合一号特定技能外国人支援計画に基づいた一号特定技能外国人支援を怠ったことがないこと。
六　支援責任者又は支援担当者が特定技能雇用契約の当事者である外国人及びその監督をする立場にある者と定期的な面談を実施することができる体制を有していること。
七　前各号に掲げるもののほか、法務大臣が告示で定める特定の産業上の分野に係るも

第4　外国人材受入れのポイント

> のにあっては、当該産業上の分野を所管する関係行政機関の長が、法務大臣と協議の上、当該産業上の分野に特有の事情に鑑みて告示で定める基準に適合すること。

(ク) 特定産業分野

「特定技能」の在留資格は、特定産業分野に関する活動であることを要する（改正入管法別表第一の二）。

「特定技能1号」における特定産業分野は、次の14分野であり、「特定技能2号」における特定産業分野は⑥建設分野、⑦造船・舶用工業分野である[43]（分野省令）。

① 介護分野
② ビルクリーニング分野
③ 素形材産業分野
④ 産業機械製造業分野
⑤ 電気・電子情報関連産業分野
⑥ 建設分野
⑦ 造船・舶用工業分野
⑧ 自動車整備分野
⑨ 航空分野
⑩ 宿泊分野
⑪ 農業分野
⑫ 漁業分野
⑬ 飲食料品製造業分野
⑭ 外食業分野

「特定技能1号」に係る14業種については、分野別運用方針に、今後5年間における受入見込数が記載されている。この受入見込数は「特定技能1号」の在留資格で在留資格外国人材の上限数として運用される（基本方針5頁、改正入管法7条の2第3項、4項）。

また、分野別運用方針には雇用形態として、派遣の可否についても記載されている（基本方針8頁）。

次の表は、「特定技能1号」の特定産業分野について、分野別運用方針の見込受入数及び派遣の可否並びに「特定技能2号」への対応についてまとめたものである。

---

[43] なお、特定産業分野と技能実習における移行対象職種・作業の対応関係については、巻末資料を参照いただきたい。

産業分野	受入人数（人）	派遣の可否	特定技能2号
① 介護分野	60,000	×	―
② ビルクリーニング分野	37,000	×	―
③ 素形材産業分野	21,500	×	―
④ 産業機械製造業分野	5,250	×	―
⑤ 電気・電子情報関連産業分野	4,700	×	―
⑥ 建設分野	40,000	×	○
⑦ 造船・舶用工業分野	13,000	×	○
⑧ 自動車整備分野	7,000	×	―
⑨ 航空分野	2,200	×	―
⑩ 宿泊分野	22,000	×	―
⑪ 農業分野	36,500	○	―
⑫ 漁業分野	9,000	○	―
⑬ 飲食料品製造業分野	34,000	×	―
⑭ 外食業分野	53,000	×	―
合計	345,150		

イ 在留資格の活動内容

「特定技能」の活動内容は、次のとおりである（改正入管法別表第一の二）。

特定技能1号	特定技能雇用契約（改正入管法2条の5第1項から4項に適合するものに限る。次号において同じ。）に基づいて行う特定産業分野であって法務大臣が指定するものに属する法務省令で定める相当程度の知識又は経験を必要とする技能を要する業務に従事する活動
特定技能2号	特定技能雇用契約に基づいて行う特定産業分野であって法務大臣が指定するものに属する法務省令で定める熟練した技能を要する業務に従事する活動

　特定産業分野については、一つであることは求められず、特定技能外国人が、複数の特定産業分野の技能水準及び日本語能力水準を満たした上で、特定技能所属機関において、対応する複数の特定産業分野の業務を行わせるための各基準に適合するときは、法務大臣が当該複数の特定産業分野の業務を指定することで、特定技能外国人は、複数の特定産業分野の業務に従事することも可能である（特定技能運用要領10頁）。

　特定産業分野における業務区分は、分野別運用方針により規定されている。

ウ 在留資格の該当基準

「特定技能1号」及び「特定技能2号」の上陸許可基準は次のとおりである。

㋐ 「特定技能1号」

申請人に係る特定技能雇用契約が法［編注、入管法］第二条の五第一項及び第二項の規定に適合すること及び特定技能雇用契約の相手方となる本邦の公私の機関が同条第三項及び第四項の規定に適合すること並びに申請人に係る一号特定技能外国人支援計画が同条第六項及び第七項の規定に適合することのほか、申請人が次のいずれにも該当していること。

① 申請人が次のいずれにも該当していること。ただし、申請人が外国人の技能実習の適正な実施及び技能実習生の保護に関する法律（平成二十八年法律第八十九号）第二条第二項第二号に規定する第二号企業単独型技能実習又は同条第四項第二号に規定する第二号団体監理型技能実習のいずれかを良好に修了している者であり、かつ、当該修了している技能実習において修得した技能が、従事しようとする業務において要する技能と関連性が認められる場合にあっては、ハ及びニに該当することを要しない。

イ 十八歳以上であること。

ロ 健康状態が良好であること。

ハ 従事しようとする業務に必要な相当程度の知識又は経験を必要とする技能を有していることが試験その他の評価方法により証明されていること。

ニ 本邦での生活に必要な日本語能力及び従事しようとする業務に必要な日本語能力を有していることが試験その他の評価方法により証明されていること。

ホ 退去強制令書の円滑な執行に協力するとして法務大臣が告示で定める外国政府又は地域（出入国管理及び難民認定法施行令（平成十年政令第百七十八号）第一条に定める地域をいう。以下同じ。）の権限ある機関の発行した旅券を所持していること。

ヘ 特定技能（法別表第一の二の表の特定技能の項の下欄第一号に係るものに限る。）の在留資格をもって本邦に在留したことがある者にあっては、当該在留資格をもって在留した期間が通算して五年に達していないこと。

② 申請人又はその配偶者、直系若しくは同居の親族その他申請人と社会生活において密接な関係を有する者が、特定技能雇用契約に基づく申請人の本邦における活動に関連して、保証金の徴収その他名目のいかんを問わず、金銭その他の財産を管理されず、かつ、特定技能雇用契約の不履行について違約金を定める契約その他の不当に金銭その他の財産の移転を予定する契約が締結されておらず、かつ、締結されないことが見込まれること。

③ 申請人が特定技能雇用契約の申込みの取次ぎ又は外国における法別表第一の二の表の特定技能の項の下欄第一号に掲げる活動の準備に関して外国の機関に費用を支払っている場合にあっては、その額及び内訳を十分に理解して当該機関との間で合意して

いること
④　申請人が国籍又は住所を有する国又は地域において、申請人が本邦で行う活動に関連して当該国又は地域において遵守すべき手続が定められている場合にあっては、当該手続を経ていること。
⑤　食費、居住費その他名目のいかんを問わず申請人が定期に負担する費用について、当該申請人が、当該費用の対価として供与される食事、住居その他の利益の内容を十分に理解した上で合意しており、かつ、当該費用の額が実費に相当する額その他の適正な額であり、当該費用の明細書その他の書面が提示されること。
⑥　前各号に掲げるもののほか、法務大臣が告示で定める特定の産業上の分野に係るものにあっては、当該産業上の分野を所管する関係行政機関の長が、法務大臣と協議の上、当該産業上の分野に特有の事情に鑑みて告示で定める基準に適合すること。

a　申請者に関するもの

1号において「特定技能1号」の対象者について規定がされている。このうち1号ハ（知識又は技能の試験等への合格）及びニ（日本語についての試験等への合格）については、二号技能実習を良好に修了した者については、適用されない。

そして、二号技能実習を修了した者には、技能実習法施行前の二号技能実習を修了した技能実習生や、在留資格「技能実習」が創設される前の「特定活動」（技能実習）をもって在留していた技能実習生（「研修」及び「特定活動」で在留した期間が2年10ヶ月を超えている者に限る。）も含まれる（特定技能運用要領14頁）。

「二号技能実習を良好に修了している」とは、技能実習を2年10ヶ月以上修了し、(i)第2号技能実習計画における目標である技能検定3級若しくはこれに相当する技能実習評価試験の実技試験に合格していること、又は、(ii)技能検定3級及びこれに相当する技能実習評価試験の実技試験に合格していないものの、特定技能外国人が技能実習を行っていた実習実施者[44]が当該外国人の実習中の出勤状況や技能等の修得状況、生活態度等を記載した評価に関する書面により、二号技能実習を良好に修了したと認められることをいう（特定技能運用要領15頁）。

二号技能実習を良好に修了したことを証する書面は(i)技能検定3級又はこれに相当する技能実習評価試験の実技試験の合格証明書の写し、又は、(ii)技能実習生に関する評価調書（参考様式第1-2号）である[45]。

---

[44] 旧技能実習制度における実習実施機関を含む。
[45] 特定技能外国人を受け入れようとする特定技能所属機関が、当該外国人を技能実習生として受け入れていた実習実施者である場合には、過去1年以内に技能実習法の「改善命令」を受けていない場合には評価調書の提出を省略することができる（特定技能運用要領15頁）。

b 保証金・違約金・費用に関する事項

2号、3号及び5号に、保証金の徴収・違約金契約等に関するもの、費用負担の合意に関するものが規定されている。

特定技能所属機関は、一号特定技能外国人支援計画における事前ガイダンスにおいて、保証金・違約金契約は違法であり、禁止されていることについて説明するとともに保証金の徴収等がないことを確認する必要がある（参考様式第1-7号：事前ガイダンスの確認書参照）。

また、費用負担についても雇用条件書（参考書式1-6号）において、合意する必要がある。

(イ)　「特定技能2号」

申請人に係る特定技能雇用契約が法［編注、入管法］第二条の五第一項及び第二項の規定に適合すること及び特定技能雇用契約の相手方となる本邦の公私の機関が同条第三項（第二号を除く。）及び第四項の規定に適合することのほか、申請人が次のいずれにも該当していること。

① 申請人が次のいずれにも該当していること。
　イ　十八歳以上であること。
　ロ　健康状態が良好であること。
　ハ　従事しようとする業務に必要な熟練した技能を有していることが試験その他の評価方法により証明されていること。
　ニ　退去強制令書の円滑な執行に協力するとして法務大臣が告示で定める外国政府又は地域の権限ある機関の発行した旅券を所持していること。

② 申請人又はその配偶者、直系若しくは同居の親族その他申請人と社会生活において密接な関係を有する者が、特定技能雇用契約に基づく申請人の本邦における活動に関連して、保証金の徴収その他名目のいかんを問わず、金銭その他の財産を管理されず、かつ、特定技能雇用契約の不履行について違約金を定める契約その他の不当に金銭その他の財産の移転を予定する契約が締結されておらず、かつ、締結されないことが見込まれること。

③ 申請人が特定技能雇用契約の申込みの取次ぎ又は外国における法別表第一の二の表の特定技能の項の下欄第二号に掲げる活動の準備に関して外国の機関に費用を支払っている場合にあっては、その額及び内訳を十分に理解して当該機関との間で合意していること。

④ 申請人が国籍又は住所を有する国又は地域において、申請人が本邦で行う活動に関連して当該国又は地域において遵守すべき手続が定められている場合にあっては、当

該手続を経ていること。
⑤　食費、居住費その他名目のいかんを問わず申請人が定期に負担する費用について、当該申請人が、当該費用の対価として供与される食事、住居その他の利益の内容を十分に理解した上で合意しており、かつ、当該費用の額が実費に相当する額その他の適正な額であり、当該費用の明細書その他の書面が提示されること。
⑥　技能実習の在留資格をもって本邦に在留していたことがある者にあっては、当該在留資格に基づく活動により本邦において修得、習熟又は熟達した技能等の本国への移転に努めるものと認められること。
⑦　前各号に掲げるもののほか、法務大臣が告示で定める特定の産業上の分野に係るものにあっては、当該産業上の分野を所管する関係行政機関の長が、法務大臣と協議の上、当該産業上の分野に特有の事情に鑑みて告示で定める基準に適合すること。

多くが「特定技能1号」と共通のものである。「特定技能2号」特有のものとして、1号「技能水準に関するもの」及び6号「技能実習により修得等した技能等の本国への移転に関するもの」がある。

「特定技能2号」の技能水準は熟練した技能であり、試験その他の評価方法により照明されていることを要する。試験その他の評価方法は、特定産業分野に係る分野別運用方針及び分野別運用要領で定められている（特定技能運用要領26頁）。

6号の「努めるものと認められること」とは、本邦で修得等した技能等の本国への移転に努めることが見込まれることをいい、実際に本国への移転を行い、成果を挙げることまでを求めるものではない（特定技能運用要領31頁）。また、これを証する書面として技能移転の申告書（参考様式第1－10号）を作成する。

エ　在留期間と更新

「特定技能1号」及び「特定技能2号」の在留期間は、次のとおりである（入管法施行規則別表第二（第三条関係））。

特定技能1号	一年、六月又は四月
特定技能2号	三年、一年又は六月

「特定技能1号」について、在留期間の更新を行うことはできるが、通算で5年を超えることはできない。

「特定技能2号」について、在留期間の更新を行うことができ、上限はない。

オ　在留資格の特徴

㋐　特定技能外国人と転職

特定技能外国人は、同一の業務区分内又は試験等によりその技能水準の共通性が確認さ

第4　外国人材受入れのポイント

れている業務区分間において転職することが可能である（基本方針8頁）。

特定技能外国人が転職し、特定技能所属機関を変更する場合には、在留資格変更許可を受けなければならない（改正入管法20条1項かっこ書）。

(イ)　特定技能所属機関の届出

特定技能所属機関は、次の各号のいずれかに該当するときは、法務省令で定めるところにより、出入国在留管理庁長官に対し、その旨及び法務省令で定める事項を届け出なければならない（改正入管法19条の18第1項）。そして、改正入管法施行規則19条の17により詳細が定められている。

> ①　特定技能雇用契約の変更（法務省令で定める軽微な変更を除く。）をしたとき、若しくは特定技能雇用契約が終了したとき、又は新たな特定技能雇用契約の締結をしたとき。
> ②　一号特定技能外国人支援計画の変更（法務省令で定める軽微な変更を除く。）をしたとき。
> ③　第二条の五第五項の契約の締結若しくは変更（法務省令で定める軽微な変更を除く。）をしたとき、又は当該契約が終了したとき。
> ④　前三号に掲げるもののほか、法務省令で定める場合に該当するとき。

また、特定技能所属機関は、改正入管法19条の18第1項の規定により届出をする場合を除くほか、法務省令で定めるところにより、出入国在留管理庁長官に対し、次に掲げる事項を届け出なければならない（同条2項）。そして、改正入管法施行規則19条の18により詳細が定められている。

> ①　受け入れている特定技能外国人の氏名及びその活動の内容その他の法務省令で定める事項
> ②　第二条の五第六項の規定により適合一号特定技能外国人支援計画を作成した場合には、その実施の状況（契約により第十九条の二十七第一項に規定する登録支援機関に適合一号特定技能外国人支援計画の全部の実施を委託したときを除く。）
> ③　前二号に掲げるもののほか、特定技能外国人の在留管理に必要なものとして法務省令で定める事項

これらの特定技能所属機関が行う届出の内容及び書式については、特定技能運用要領「第7章　特定技能所属機関に関する届出」（81頁以下）を参照されたい。

カ　立証資料

「特定技能1号」及び「特定技能2号」の在留諸申請申請に係る提出書類は、次のとおりである[46]。

1　在留資格認定証明書交付申請書　1通
2　写真（縦4cm×横3cm）　1葉
3　返信用封筒（定形封筒に宛先を明記の上、送料分の切手（簡易書留用）を貼付したもの）　1通
4　その他「特定技能外国人の在留諸申請に係る提出書類一覧・確認表」に記載された申請に対応する資料
5　身分を証する文書（身分証明書等）　提示

---

46 詳細は法務省のウェブサイト（http://www.moj.go.jp/nyuukokukanri/kouhou/nyuukokukanri07_00196.html）をご参照頂きたい。

第5 外国人材と労働法令・労働慣行

> [ポイント]
> ・外国人材にも、原則として日本人と同様に労働関係・社会保険関係法令が適用される。
> ・日本の労働慣行と外国人材の労働慣行とが一致しないこともある。
> ・外国人材の母国の労働法や労働慣行に配慮した就労環境の整備を行うことが望ましい。

1 外国人材と労働関係・社会保険関係法令

(1) 労働関係・社会保険関係法令の適用

外国人材についても、日本人に適用される労働関係法令・社会保険関係法令は同様に適用され、「雇用対策法」、「職業安定法」、「労働者派遣事業の適正な運営の確保及び派遣労働者の保護等に関する法律」、「雇用保険法」、「労働基準法」、「最低賃金法」、「労働安全衛生法」、「労働者災害補償保険法」、「健康保険法」、「厚生年金法」等の労働関係法令及び社会保険関係法令は、原則として日本人と同様に適用がある。

また、当然ではあるが、労働基準法3条は「使用者は、労働者の国籍、信条又は社会的身分を理由として、賃金、労働時間その他の労働条件について、差別的取扱をしてはならない。」と規定しており、労働者が外国人材であることをもって差別的取扱をすることは許されない。

(2) 外国人特有の論点

外国人材特有の論点としては、(i)適用法がどの国の法律になるか、(ii)社会保障について条約が締結された国であるか、(iii)法令以外のガイドラインの存在がある。

ア 適用法について

労働契約の適用法については、法の適用に関する通則法7条、8条及び12条に規定されている。どの国の法律が適用されるかは、当事者の選択によることが原則であるが（同法7条）、労務を提供すべき地の法律が適用される法律であると推定される（同法12条2項、3項）。また、当事者が合意して労務を提供すべき地以外の国の法律が選択されていたとしても、当事者の意思表示があれば、労務を提供すべき地の強行規定が適用される（同法12条1項）。

外国人材の受け入れという観点から見た場合、適用される法律として想定されるのは、

労務を提供すべき地の法律である日本法であることがほとんどであると思われる。

そのため、適用される法律を明確にするためには、労働契約の中で、適用法を規定しておくことが望ましいと言える。

イ　社会保障について条約が締結された国であるか

外国人材については、社会保険について、(i)出身国と勤務する国とで社会保障について二重加入となる問題（以下「二重加入問題」という。）、及び、(ii)年金受給資格としての一定期間の制度への加入という要件を満たすことが困難となるという問題（以下「年金受給資格問題」という。）がある。

この2つの問題に対応するため、日本では、社会保障協定を締結し、特定の二国間で、二重加入問題については、適用される社会保障制度が一つとなるよう適用の調整を行い、年金受給資格問題については、加入期間の通算を行うという手当をしている。そのため、外国人材の出身国が、この社会保障協定の締結国であるか否かについて確認し、社会保障協定締結国である場合、外国人材が出身国で社会保障に加入していれば、日本の社会保険への加入の必要がない場合がある。

現在日本が社会保障協定を加入している国は、次のとおりである。今後増加することが見込まれる東南アジアの国々では、フィリピンのみが社会保障協定の締結国であり、ベトナム等の国とは、協定の締結ができていないのが現状である。

相手方国	協定発効	期間通算	二重防止の対象となる社会保障制度	
ドイツ	○	○	公的年金制度	公的年金制度
イギリス	○	×	公的年金制度	公的年金制度
韓国	○	×	公的年金制度	公的年金制度
アメリカ	○	○	公的年金制度 公的医療保障制度	社会保障制度（公的年金制度） 公的医療保険制度（メディケア）
ベルギー	○	○	公的年金制度 公的医療保険制度	公的年金制度 公的医療保険制度 公的労災保険制度 公的雇用保険制度
フランス	○	○	公的年金制度 公的医療保険制度	公的年金制度 公的医療保険制度 公的労災保険制度
カナダ	○	○	公的年金制度	公的年金制度[47]

---

[47] ケベック州年金制度を除く。

第5　外国人材と労働法令・労働慣行

オーストラリア	○	○	公的年金制度	退職年金保障制度
オランダ	○	○	公的年金制度 公的医療保険制度	公的年金制度 公的医療保険制度 雇用保険制度
チェコ	○	○	公的年金制度 公的医療保険制度	公的年金制度 公的医療保険制度 雇用保険制度
スペイン	○	○	公的年金制度	公的年金制度
アイルランド	○	○	公的年金制度	公的年金制度
ブラジル	○	○	公的年金制度	公的年金制度
スイス	○	○	公的年金制度 公的医療保険制度	公的年金制度 公的医療保険制度 雇用保険制度
ハンガリー	○	○	公的年金制度 公的医療保険制度	公的年金制度 公的医療保険制度 雇用保険制度
インド	○	○	公的年金制度	公的年金制度
ルクセンブルク	○	○	公的年金制度 公的医療保険制度	公的年金制度 公的医療保険制度 公的労災保険制度 公的雇用保険制度
フィリピン	○	○	公的年金制度	公的年金制度
イタリア	準備中	×	公的年金制度 公的雇用保険制度	公的年金制度 公的雇用保険制度
スロバキア	準備中	○	公的年金制度	公的年金制度 公的労災保険制度 公的雇用保険制度
中国	準備中	×	公的年金制度	公的年金制度

※2018年6月27日日本年金機構「協定を結んでいる国との協定発効時期及び対象となる社会保障制度」をもとに作成

ウ　法令以外のガイドラインについて

外国人材については、労働施策総合推進法[48]に基づきガイドラインとして「外国人労働者の雇用管理の改善等に関して事業主が適切に対処するための指針」（平成19年厚生労働省告示第276号。以下「外国人雇用管理指針」という。）が規定されている。

---

[48] 正式名称は、「労働施策の総合的な推進並びに労働者の雇用の安定及び職業生活の充実等に関する法律」である。

外国人雇用指針では、「外国人労働者の雇用管理の改善等に関して事業主が講ずべき必要な措置」として「外国人労働者の募集及び採用の適正化」、「適正な労働条件の確保」、「安全衛生の確保」、「雇用保険、労災保険、健康保険及び厚生年金保険の適用」、「適切な人事管理、教育訓練、福利厚生等」、「解雇の予防及び再就職の援助」が規定されている。

この外国人雇用指針についても改正がされており、2019年4月1日から、新しい外国人雇用管理指針（以下「改正外国人雇用管理指針」という。）が適用されている。「総合的対応策」を受け、外国人材が日本で安心してその有する能力を発揮できるよう、環境を整備するというものである。

外国人雇用管理指針は、法律ではないが、外国人材の受け入れを検討する場合、可能な限り対応することが望ましいと言える。

(3) 外国人材と労働関係・社会保険関係法令

続いて、雇入時、在職中、退職時の区分で、外国人材と労働関係・社会保険関係法令の適用を外観する。

ア　雇入時
(ア)　労働条件の通知

雇入時は、雇用契約の締結に先立って、労働条件の通知が必要である（労働基準法15条1項）。労働条件として通知すべき事項は、次のとおりである（労働基準法施行規則5条1項）。このうち、①から⑥までの事項については、昇給に関する事項を除き、書面等で交付する必要がある（同法施行規則5条2項、3項、4頁）。

① 労働契約の期間に関する事項
② 期間の定めのある労働契約を更新する場合の基準に関する事項
③ 就業の場所及び従事すべき業務に関する事項
④ 始業及び終業の時刻、所定労働時間を超える労働の有無、休憩時間、休日、休暇並びに労働者を二組以上に分けて就業させる場合における就業時転換に関する事項
⑤ 賃金の決定、計算及び支払の方法、賃金の締切り及び支払の時期並びに昇給に関する事項
⑥ 退職に関する事項（解雇の事由を含む。）
⑦ 退職手当の定めが適用される労働者の範囲、退職手当の決定、計算及び支払の方法並びに退職手当の支払の時期に関する事項
⑧ 臨時に支払われる賃金、賞与等及び最低賃金額に関する事項
⑨ 労働者に負担させるべき食費、作業用品その他に関する事項
⑩ 安全及び衛生に関する事項
⑪ 職業訓練に関する事項

⑫　災害補償及び業務外の傷病扶助に関する事項
⑬　表彰及び制裁に関する事項
⑭　休職に関する事項

改正外国人雇用管理指針では、労働条件の通知は、外国人材が希望すれば、電子メール等の方法によること、母国語その他当該外国人材が使用する言語または平易な日本語を用いるよう努めること、帰国に要する旅費その他の費用の負担の有無や負担割合、住居の確保等の募集条件の詳細について、あらかじめ明確にするよう努めること等が規定されている（改正外国人雇用管理指針第二）。

明示された労働条件と実際の労働条件が異なる場合、外国人材は即時に労働契約を解除することができる（労働基準法15条2項）。この場合、外国人材が就業のために住居を変更した場合で、労働契約解除の日から14日以内に帰郷する場合は、使用者は必要な旅費を負担する必要がある（同条3項）。就業のために日本国外から日本に上陸した外国人材が帰国する場合、当該帰国に要する費用についても、使用者が負担する必要があると解される。

　　(イ)　労働条件通知書

厚生労働省のウェブサイトには、外国人労働者向けモデル労働条件通知書として、英語、中国語、韓国語、ポルトガル語、スペイン語、タガログ語、インドネシア語及びベトナム語の労働条件通知書が公開されている（https://www.mhlw.go.jp/new-info/kobetu/roudou/gyousei/leaflet_kijun.html）。

このモデル労働条件通知書を活用する等し、外国人材が理解しやすい方法で労働条件を明示することが望ましいと言える。

　　(ウ)　労働契約の期間

外国人材の場合、労働契約の期間と在留資格との関係に注意をする必要がある。例えば、「特定技能1号」の場合、通算して5年しか在留が認められない。そのため、5年を超える期間を定めて労働契約を締結した場合、5年を超える部分は、在留資格がないこととなる（外国人材の受入れ制度に係るQ＆A　Q36）。

　イ　在職中
　　(ア)　就業規則の作成

常時10名以上の労働者を雇用する使用者は、就業規則を作成する義務がある（労働基準法89条）。

就業規則の必要的記載事項は、次のとおりである。
①　始業及び終業の時刻、休憩時間、休日、休暇並びに労働者を二組以上に分けて交替に就業させる場合においては就業時転換に関する事項
②　賃金の決定、計算及び支払の方法、賃金の締切り及び支払の時期並びに昇給に関する事項

③ 退職に関する事項（解雇の事由を含む。）
④ 退職手当の定めをする場合においては、適用される労働者の範囲、退職手当の決定、計算及び支払の方法並びに退職手当の支払の時期に関する事項
⑤ 臨時の賃金等（退職手当を除く。）及び最低賃金額の定めをする場合においては、これに関する事項
⑥ 労働者に食費、作業用品その他の負担をさせる定めをする場合においては、これに関する事項
⑦ 安全及び衛生に関する定めをする場合においては、これに関する事項
⑧ 職業訓練に関する定めをする場合においては、これに関する事項
⑨ 災害補償及び業務外の傷病扶助に関する定めをする場合においては、これに関する事項
⑩ 表彰及び制裁の定めをする場合においては、その種類及び程度に関する事項
⑪ 前各号に掲げるもののほか、当該事業場の労働者のすべてに適用される定めをする場合においては、これに関する事項

(イ) 就業規則の周知

使用者は、就業規則を労働者に周知する義務がある（労働基準法106条1項）。周知する方法として労働基準法施行規則52条の2は、次の方法を規定している。
① 常時各作業場の見やすい場所へ掲示し、又は備え付けること。
② 書面を労働者に交付すること。
③ 磁気テープ、磁気ディスクその他これらに準ずる物に記録し、かつ、各作業場に労働者が当該記録の内容を常時確認できる機器を設置すること。

就業規則の周知についても、改正外国人雇用管理指針では、分かりやすい説明書や行政機関が作成している多言語対応の広報資料を用いる、母国語等を用いて説明する等、外国人材の理解を促進するため必要な配慮をするよう努めることが規定されている（改正外国人雇用管理指針第四−二−5）。

(ウ) 賃　金

賃金については、労働基準法24条により、①通貨払の原則、②直接払いの原則、③全額払の原則、及び、毎月1回以上定期日払の原則が規定されている。

①通貨払の原則については、特定技能基準省令2条12号で特定技能外国人に対する報酬の支払を確実かつ適正なものとするため、当該外国人の同意を得た上で（労働基準法施行規則7条の2第1項）、特定技能雇用契約において、当該外国人の指定する預貯金口座等へ振り込むこととするよう努めるとされる（特定技能運用要領66頁）。

また、使用者は、強制貯金や預貯金の管理に関する契約を締結してはならない[49]（労働基準法18条1項）。

ウ　退職時
㋐　解　雇

　解雇事由が、就業規則に記載された事由（労働基準法89条3号）に限定されるか否かについては、争いがある。この点につき、外国人材の場合、日本ほど履歴書等の記載が正確ではないこともあるため、日本の労働慣行では想定しがたい場合にも対応できるよう、解雇事由を含めて就業規則を見直すことが望ましい。

　使用者が解雇を行う場合、30日の予告期間が必要であり（労働基準法20条1項）、当該予告期間は平均賃金1日分を支払った日数だけ短縮できる（同条2項）。

　解雇については、客観的に合理的な理由を欠き、社会通念上相当であると認められない場合は無効となる（労働契約法16条）。

　この点、就労可能な在留資格がないことが判明した場合や、在留資格の更新ができなかった場合に解雇できるかが問題となる。就労を容認すれば、使用者が不法就労助長罪（入管法73条の2第1項）に該当し得るため、解雇について客観的に合理的な理由があると言えるとする見解もある[50]。解雇については、その要件の充足性を判断するのに、一定の時間がかかることを考えれば、就労可能な在留資格がないことが判明した場合、直ちに、業務を停止させ、その後、解雇が可能かについて検討することになると解される。

㋑　退職と脱退一時金

　外国人材が、国民年金、又は厚生年金保険の被保険者資格を喪失し、日本を出国した場合、日本に住所を有しなくなった日から2年以内に脱退一時金を請求することができる[51]。そのため、退職する外国人材には、脱退一時金の制度説明を行うべきである。

　なお、脱退一時金を受け取った場合、脱退一時金の算定の基礎となった期間は年金加入期間ではなくなるため、注意が必要である。

2　外国人材と届出

　外国人材に関しては、日本人と異なり、行わなければならない届出が存在する。届出の一覧は次のとおりである[52]。

---

[49] 技能実習法では、実習の監理を行う者またはその役職員について、同様の行為が禁止されている（技能実習法47条2項）。
[50] 板倉由美・弘中章・尾家康介編『外国人の雇用に関するトラブル予防Q＆A』（労働調査会、2018年）160頁
[51] 日本年金機構「短期在留外国人の脱退一時金」（https://www.nenkin.go.jp/service/jukyu/sonota-kyufu/dattai-ichiji/20150406.html）
[52] 板倉ほか編・前掲（注50）91頁

提出書類	提出先	備考
雇用保険被保険者資格取得届	管轄のハローワーク	雇入れ日の属する月の翌月10日まで。備考欄に「国籍・地域」や「在留資格」を記入し提出することで、雇用対策法28条の届出を行ったことになる。
外国人雇用状況届出書	管轄ハローワーク	雇用保険の被保険者でない外国人。
健康保険・厚生年金保険被保険者資格取得届	管轄年金事務所	
健康保険被扶養者届	管轄年金事務所	健康保険の被扶養配偶者がいる場合。
国民年金第3号被保険者該当届	管轄年金事務所	被扶養配偶者がいる場合。
ローマ字氏名届	管轄年金事務所	在留カードまたは住民票に記載されているローマ字。

3 外国人材と労働慣行

　日本で行われている労働慣行と外国人材の出身国の労働慣行は、必ずしも一致しないことが多い。

　例えば、ベトナムの労働法（10/2012/QH13）では、使用者に広範な配置転換権はないと解される。すなわち、ベトナムの労働法では職務内容及び職場は、労働契約の必要的記載事項とされ（ベトナム労働法23条1項）、労働契約の内容を修正する場合には、少なくとも3営業日前に相手方に通知し、両当事者が合意する方法で行う必要があるため（ベトナム労働法35条1項、2項）、日本で行われるような配置転換を行うことは困難であると解される。

　また、ベトナムでは、特別の場合を除き、時間外労働をさせるには労働者の同意が必要であり、使用者の一方的な命令によって残業をさせることはできない（ベトナム労働法106条2項）。

　このように、日本では、当然と思われている労働慣行が、外国人材の出身国の労働慣行と全く異なることもある。

　そのため、外国人材が親しんできた労働慣行は別のものである可能性があることを認識しつつ、日本の労働慣行を説明し、また、一部外国人材に適合するよう修正するという態度で臨むことが必要である。

4 外国人材の受入れ体制の整備

　外国人材の受入れ体制の整備として、就業規則の変更を行う等の法的な受入れ体制を整備することは重要である。

　もっとも、それ以外にも、社内の安全に関する資料について、外国人材の理解しやすい

言語に翻訳する等、外国人材が安心して働くことができる環境を整備することが重要である。

法律上も、労働安全衛生法59条1項には「事業者は、労働者を雇い入れたときは、当該労働者に対し、厚生労働省令で定めるところにより、その従事する業務に関する安全又は衛生のための教育を行なわなければならない。」と規定されている。技能実習生や特定技能外国人は、送出国の送出機関で、危険予知活動等の安全教育を受けていることが多い。外国人材が母国での教育や経験で習得した安全や衛生の知識が、日本の仕事の現場での安全や衛生につながるように教育を行うことが望ましいと言える。

また、例えばベトナム出身の外国人材には、ベトナムの旧正月に長期の休暇を付与する等、外国人材の出身国の文化に関心を持ち、当該文化にも配慮した環境を整備することが望ましい。

第6 外国人材とコンプライアンス

> [ポイント]
> ・外国人材に関連するコンプライアンス体制の確立は重要課題となる。
> ・デューデリジェンスの手法を用いて、社内の体制を点検し、改善することが望ましい。

1 点検としてのデューデリジェンス

　外国人材に関するコンプライアンスは、これまで以上に重要性を増している。出入国管理に関する法律及び労働関係法令の違反があった場合、「技能実習」の在留資格や「特定技能」の在留資格で在留する外国人材を受け入れられないばかりか、現在、産業の現場を支えてくれている技能実習生についても、雇用を継続できなくなる危険がある。

　こういった法的なリスクについて、M&Aの実務では、影響を及ぼすような種々の問題点を調査・検討する手続としてデューデリジェンスを行う[53]。

　外国人材に関するコンプライアンスについて、このデューデリジェンスの手法を使い、自社の外国人材に関する法的・事業上のリスクを調査し、不備を修正するという作業を行う時期にきているように思われる。

　デューデリジェンスの一般的な進め方としては、次のとおりである[54]。

① 検討資料のリスト作成
② 資料の検討
③ インタビューの実施
④ 法的問題の調査および検討
⑤ デューデリジェンスの結果の中間報告
⑥ 追加資料の検討
⑦ 追加インタビューの実施
⑧ 追加の法的問題の調査および検討
⑨ デューデリジェンスの調査結果について報告書の作成
⑩ デューデリジェンスの調査結果の最終報告

---

[53] 長島・大野・常松法律事務所編『M&Aを成功に導く 法務デューデリジェンスの実務 第3版』(中央経済社、2014年)
[54] 長島・大野・常松法律事務所編・前掲（注53）

2　確認すべき資料

　確認すべき資料としては、次のような資料が考えられる。労務に関するデューデリジェンスを行うときの項目と重なる部分も多いと思う。

- 会社パンフレット
- 会社組織図
- 事業内容を記載した資料（パンフレット以外）
- 就業規則
- 賃金規定
- 退職金規定
- 年金規定
- その他人事・労務に関する規定
- 内定通知書
- 雇用契約書・労働条件通知書の書式
- 新卒入社社員に対し入社までに交付する書面
- 中途入社社員に対し入社までに交付する書面
- 外国籍の社員がいる場合は、締結・通知されている雇用契約書・労働条件通知書
- 労働組合の有無
- 労働協約
- 人事制度の内容が記載された資料（ジョブローテーション制度の有無等）
- 社員研修制度の内容が記載された資料（現場での研修の有無等）
- 過去３年間に従業員を解雇した場合には、そのリスト及び内容
- 過去３年間に従業員・元従業員と裁判所を利用した紛争がある場合には、そのリスト及び内容
- 過去３年間に労働基準監督署からの是正勧告等がある場合には、その是正勧告書及び是正報告書
- 外国籍の社員を雇用している場合、そのリスト
- 外国籍の社員を雇用した際の在留資格認定証明及びその申請書
- 在留カードの写し
- 外国人雇用状況届出書
- 今後の外国人材を採用する計画
- 今後の特定技能者を採用する計画
- 技能実習生を採用している場合、技能実習計画
- 技能実習計画軽微変更届出書

- 技能実習計画変更認定申請書
- 実習実施者届出書
- 技能実習実施困難時届出書
- 実習認定取消事由該当事実に係る報告書
- 実施状況報告書
- 監理団体との契約書

3　リスクのレビューとヒアリング

　上記の資料の確認によって法的に問題となる点を洗い出す。そして、書面からでは把握できない運用面などを、人事担当者や技能実習生を監督する立場の社員に対しヒアリングによって調査する。

　入管法とデューデリジェンスとの関係で難しいのは、会社の事業について正確な理解がないと適切な判断ができないところである。例えば、会社の事業によっては、専門的・技術的在留資格の活動に該当するか否かの判断が難しい事業もある。そういった場合、現場等を訪問し、当該事業内容を把握し、在留資格が想定する活動と合致するかを調査することも必要である。

　そして、調査結果については報告書にまとめる。

　このような過程を経ることによって、社内に存在する外国人材に関するリスクを把握することができる。

4　調査報告書を活用した受入れ体制の整備

　調査報告書には、外国人材に関するコンプライアンス体制について、問題がある点などが指摘されることになる。ここで、調査報告書でリスクを指摘しただけで終わってしまっては意味がない。

　調査報告書を活用し、適法な受入体制を構築できるよう、問題があるとされた点を改善していくことが必要である。

第7 共生社会に向けて

[ポイント]
・「外国人材の受入れ・共生のための総合的対応策」が策定されている。
・「労働力」としてではなく「人」としての受け入れを行う必要がある。

1 労働力としてではなく人としての受け入れ

これまで、外国人材の労働者としての面に着目してきた。しかし、外国人材も当然に人であり、労働ばかりをしているわけではない。

住民として地域社会にかかわるのであり、日本の社会で生活する。そのため、外国人材の受け入れにあたっては、就労の面でだけではなく、教育、医療、生活といった、人として当然関わりがある事項について受入れ体制を整備する必要がある。

2 総合的対応策

特定技能制度の導入とあわせて、2018年12月25日に総合的対応策が策定された。総合的対応策は、外国人材の受け入れ・共生のための取組を、政府一丸となって、より強力に、かつ、包括的に推進していく観点からとりまとめられたものである（総合的対応策1頁）。

総合的対応策では、具体的な対応策が126項目規定されており、文字通り関わり合いがない省庁はない内容で規定されている。

(1) 総合的対応策関連予算

総合的対応策では、具体的な施策をあげるとともに、実行可能性があるよう予算についても記載がされている。次の表は総合的対応策で記載されている予算の項目及び予算額である。

項目	予算
生活者としての外国人に対する支援	
暮らしやすい地域社会づくり（多文化共生総合相談ワンストップセンター（仮）の整備等）	30億円
生活サービス環境の改善等（医療通訳の配置・院内案内図の多言語化支援等）	25億円
円滑なコミュニケーションの実現（日本語教育の充実等）	8億円
外国人児童生徒の教育等の充実（地方公共団体が行う体制整備への支援等）	5億円

留学生の就職等の支援（就職支援プログラム認定、介護人材確保のための支援等）	32億円
適正な労働環境等の確保（労働基準監督署・ハローワークの機能強化等）	34億円
外国人材の適正・円滑な受入れの促進に向けた取組	
日本語能力判定テストの実施、海外における日本語教育基盤強化	35億円
新たな在留管理体制の構築	
在留資格手続のオンライン中請導入、在留管理期間強化等	42億円
合計	211億円

(2) 行政に期待される役割

外国人材が、接する行政の窓口としては、地方公共団体であると考えられる。そのため、総合的対応策でも、地方公共団体が情報提供及び相談を行う一元的な窓口である「多文化共生総合相談ワンストップセンター（仮）」の設置や、災害時の情報発信・支援等が規定されている。

(3) 企業に期待される役割

企業についても、外国人材の受け入れという面だけではなく、多様な役割が期待されている。例えば、大学が企業等と連携し、留学生が我が国での就職に必要なスキルである「ビジネス日本語」等を在学中から身に付ける教育プログラムを策定するといった教育に関する事項や、金融・通信サービスの利便性の向上という面で、外国人材に対してより使いやすいサービスを提供することも期待されている。

3　多様性と活力ある社会へ

外国人材も、日本人と変わらない人である。日本に働きにくる外国人材にも、両親がいて、家族がいて、社会の一員として働いて、勉強している。

他方で、外国で働くことの大変さは想像に難くないのではないか。同じ人であるという発想を基礎に、外国で働くことの大変さを理解すると外国人材の受け入れは、より円滑に進むように思われる。

最後に、多くの受入れ体制の整った魅力ある職場が構築され、多くの外国人材が日本で働くことを選び、多様性と活力ある社会につながることを期待したい。

◎移行対象表一覧

1　農業関係（2職種6作業）

職種	作業	技能実習2号	特定技能1号
耕種農業	施設園芸	○	農業 （耕種農業全般）
耕種農業	畑作・野菜	○	農業 （耕種農業全般）
耕種農業	果樹	○	農業 （耕種農業全般）
畜産農業	養豚	○	農業 （畜産農業全般）
畜産農業	養鶏	○	農業 （畜産農業全般）
畜産農業	酪農	○	農業 （畜産農業全般）

2　漁業関係（2職種9作業）

職種	作業	技能実習2号	特定技能1号
漁船漁業	かつお一本釣り漁業	○	漁業（漁業）
漁船漁業	延縄漁業	○	漁業（漁業）
漁船漁業	いか釣り漁業	○	漁業（漁業）
漁船漁業	まき網漁業	○	漁業（漁業）
漁船漁業	ひき網漁業	○	漁業（漁業）
漁船漁業	刺し網漁業	○	漁業（漁業）
漁船漁業	定置網漁業	○	漁業（漁業）
漁船漁業	かに・えびかご漁業	○	漁業（漁業）
養殖業	ほたてがい・まがき養殖作業	○	漁業（養殖業）

3　建設関係（22職種33作業）

職種	作業	技能実習2号	特定技能1号
さく井	パーカッション式さく井工事作業	○	×
さく井	ロータリー式さく井工事作業	○	×
建築板金	ダクト板金作業	○	×
建築板金	内外装板金作業	○	×
冷凍空気調和機器施工	冷凍空気調和機器施工作業	○	×
建具製作	木製建具手加工作業	○	×

建築大工	大工工事作業	○	
型枠施工	型枠工事作業	○	建設（型枠施工）
鉄筋施工	鉄筋組立て作業	○	建設（鉄筋施工）
とび	とび作業	○	×
石材施工	石材加工作業	○	×
	石張り作業	○	
タイル張り	タイル張り作業	○	
かわらぶき	かわらぶき作業	○	建設（屋根ふき）
左官	左官作業	○	建設（左官）
配管	建築配管作業	○	×
	プラント配管作業	○	
熱絶縁施工	保温保冷工事作業	○	
内装仕上げ施工	プラスチック系床仕上げ工事作業	○	建設（内装仕上げ）
	カーペット系床仕上げ工事作業	○	
	鋼製下地工事作業	○	
	ボード仕上げ工事作業	○	
	カーテン工事作業	○	
サッシ施工	ビル用サッシ施工作業	○	×
防水施工	シーリング防水工事作業	○	
コンクリート圧送施工	コンクリート圧送工事作業	○	建設（コンクリート圧送）
ウェルポイント施工	ウェルポイント工事作業	○	×
表装	壁装作業	○	建設（表装）
建設機械施工	押土・整地作業	○	建設（建設機械施工）
	積込み作業	○	
	掘削作業	○	
	締固め作業	○	
築炉	築炉作業	○	×

4　食品製造関係（11職種16作業）

職種	作業	技能実習2号	特定技能1号
缶詰巻締	缶詰巻締	○	飲食料品製造業全般（飲食料品製造業全般（飲食料品（酒類を除く。）の製造・加工・安全衛生））
食鳥処理加工業	食鳥処理加工作業	○	
加熱性水産加工食品製造業	節類製造	○	
	加熱乾製品製造	○	
	調味加工品製造	○	
	くん製品製造	○	
非加熱性水産加工食品製造業	塩蔵品製造	○	
	乾製品製造	○	
	発酵食品製造	○	
水産練り製品製造	かまぼこ製品製造作業	○	
牛豚食肉処理加工業	牛豚部分肉製造作業	○	
ハム・ソーセージ・ベーコン製造	ハム・ソーセージ・ベーコン製造作業	○	
パン製造	パン製造作業	○	
そう菜製造業	そう菜加工作業	○	
農産物漬物製造業	農産物漬物製造	○	
医療・福祉施設給食製造	医療・福祉施設給食製造	○	外食業

5　繊維・衣服関係（13職種22作業）

職種	作業	技能実習2号	特定技能1号
紡績運転	前紡工程作業	○	
	精紡工程作業	○	
	巻糸工程作業	○	
	合ねん糸工程作業	○	
織布運転	準備工程作業	○	
	製織工程作業	○	
	仕上工程作業	○	
染色	糸浸染作業	○	
	織物・ニット浸染作業	○	
ニット製品製造	靴下製造作業	○	
	丸編みニット製造作業	○	

たて編ニット生地製造	たて編ニット生地製造作業	○	
婦人子供服製造	婦人子供既製服縫製作業	○	×
紳士服製造	紳士既製服製造作業	○	
下着類製造	下着類製造作業	○	
寝具製作	寝具製作作業	○	
カーペット製造	織じゅうたん製造作業	○	
	タフテッドカーペット製造作業	○	
	ニードルパンチカーペット製造作業	○	
帆布製品製造	帆布製品製造作業	○	
布はく縫製	ワイシャツ製造作業	○	
座席シート縫製	自動車シート縫製作業	○	

6 機械・金属関係（15職種29作業）

職種	作業	技能実習2号	特定技能1号
鋳造	鋳鉄鋳物鋳造作業	○	素形材産業 （鋳造） 産業機械製造業 （鋳造）
	非鉄金属鋳物鋳造作業	○	
鍛造	ハンマ型鍛造作業	○	素形材産業 （鍛造） 産業機械製造業 （鍛造）
	プレス型鍛造作業	○	
ダイカスト	ホットチャンバダイカスト作業	○	素形材産業 （ダイカスト） 産業機械製造業 （ダイカスト）
	コールドチャンバダイカスト作業	○	
機械加工	普通旋盤作業	○	素形材産業 （機械加工） 産業機械製造業 （機械加工） 電気・電子情報関連産業 （機械加工） 造船・舶用工業 （機械加工）
	数値制御旋盤作業	○	
	フライス盤作業	○	
	マシニングセンタ作業	○	

移行対象表一覧

金属プレス加工	金属プレス作業	○	素形材産業 (金属プレス加工) 産業機械製造業 (金属プレス加工) 電気・電子情報関連産業 (金属プレス加工)
鉄工	構造物鉄工作業	○	産業機械製造業 (鉄工) 造船・舶用工業 (鉄工)
工場板金	機械板金作業	○	素形材産業 (工場板金) 産業機械製造業 (工場板金) 電気・電子情報関連産業 (工場板金)
めっき	電気めっき作業	○	素形材産業 (めっき) 産業機械製造業 (めっき) 電気・電子情報関連産業 (めっき)
	溶融亜鉛めっき作業	○	
アルミニウム陽極酸化処理	陽極酸化処理作業	○	素形材産業(アルミニウム)
仕上げ	治工具仕上げ作業	○	素形材産業 (仕上げ) 産業機械製造業 (仕上げ) 電気・電子情報関連産業 (仕上げ) 造船・舶用工業 (仕上げ)
	金型仕上げ作業	○	
	機械組立仕上げ作業	○	
機械検査	機械検査作業	○	素形材産業 (機械検査) 産業機械製造業 (機械検査)
機械保全	機械系保全作業	○	素形材産業 (機械保全) 産業機械製造業 (機械保全) 電気・電子情報関連産業 (機械保全)

職種	作業	技能実習2号	
電子機器組立て	電子機器組立て作業	○	産業機械製造業 (電子機器組立て) 電気・電子情報関連産業 (電子機器組立て)
電気機器組立て	回転電機組立て作業	○	産業機械製造業 (電気機器組立て) 電気・電子情報関連産業 (電気機器組立て) 造船・舶用工業 (電気機器組立て)
	変圧器組立て作業	○	
	配電盤・制御盤組立て作業	○	
	開閉制御器具組立て作業	○	
	回転電機巻線製作作業	○	
プリント配線板製造	プリント配線板設計作業	○	産業機械製造業 (プリント配線板製造) 電気・電子情報関連産業 (プリント配線板製造)
	プリント配線板製造作業	○	

7　その他（14職種26作業）

職種	作業	技能実習2号	特定技能1号
家具製作	家具手加工作業	○	×
印刷	オフセット印刷作業	○	×
製本	製本作業	○	×
プラスチック成形	圧縮成形作業	○	産業機械製造業 (プラスチック成形) 電気・電子情報関連産業 (プラスチック成形)
	射出成形作業	○	
	インフレーション成形作業	○	
	ブロー成形作業	○	
強化プラスチック成形	手積み積層成形作業	○	×
	建築塗装作業	○	素形材産業 (塗装) 産業機械製造業 (塗装) 電気・電子情報関連産業 (塗装)

移行対象表一覧

塗装	金属塗装作業	○	素形材産業（塗装） 産業機械製造業（塗装） 電気・電子情報関連産業（塗装） 造船・舶用工業（塗装）
	鋼橋塗装作業	○	素形材産業（塗装） 産業機械製造業（塗装） 電気・電子情報関連産業（塗装）
	噴霧塗装作業	○	素形材産業（塗装） 産業機械製造業（塗装） 電気・電子情報関連産業（塗装） 造船・舶用工業（塗装）
溶接	手溶接	○	素形材産業（溶接） 産業機械製造業（溶接） 電気・電子情報関連産業（溶接） 造船・舶用工業（溶接）
	半自動溶接	○	
工業包装	工業包装作業	○	産業機械製造業（工業包装） 電気・電子情報関連産業（工業包装）
紙器・段ボール箱製造	印刷箱打抜き作業	○	×
	印刷箱製箱作業	○	
	貼箱製造作業	○	
	段ボール箱製造作業	○	
陶磁器工業製品製造	機械ろくろ成形作業	○	
	圧力鋳込み成形作業	○	
	パッド印刷作業	○	
自動車整備	自動車整備作業	○	自動車整備

ビルクリーニング	ビルクリーニング作業	○	ビルクリーニング
介護	介護	○	介護
リネンサプライ	リネンサプライ仕上げ	○	×

○社内検定型の職種・作業（1職種3作業）

職種名	作業名	技能実習2号	特定技能1号
空港グランドハンドリング	航空機地上支援	○	航空（空港グランドハンドリング）
	航空貨物取扱	○	×
	客室清掃	○	×

◎関係資料一覧

＊次の資料のURLは、 ぎょうせい　外国人材受入れガイドブック 検索 でご覧いただけます。　(https://shop.gyosei.jp/products/detail/9981)

○出入国管理及び難民認定法及び法務省設置法の一部を改正する法律
　　http://www.moj.go.jp/content/001288306.pdf
○出入国管理及び難民認定法及び法務省設置法の一部を改正する法律の施行に伴う関係政令の整備等に関する政令
　　http://www.moj.go.jp/content/001288505.pdf
○特定技能基準省令
　　http://www.moj.go.jp/content/001288310.pdf
○分野省令
　　http://www.moj.go.jp/content/001288311.pdf
○出入国管理及び難民認定法及び法務省設置法の一部を改正する法律の施行に伴う法務省関係省令の整備等に関する省令
　　http://www.moj.go.jp/content/001288315.pdf
○出入国管理及び難民認定法第七条第一項第二号の基準を定める省令及び特定技能雇用契約及び一号特定技能外国人支援計画の基準等を定める省令の規定に基づき特定の産業上の分野を定める件
　　http://www.moj.go.jp/content/001288317.pdf
○出入国管理及び難民認定法第七条第一項第二号の基準を定める省令の特定技能の在留資格に係る基準の規定に基づき退去強制令書の円滑な執行に協力する外国政府又は出入国管理及び難民認定法施行令第一条に定める地域の権限ある機関を定める件
　　http://www.moj.go.jp/content/001291492.pdf
○上乗せ基準告示＜介護＞
　　http://www.moj.go.jp/content/001288318.pdf
○上乗せ基準告示＜ビルクリーニング＞
　　http://www.moj.go.jp/content/001288319.pdf
○上乗せ基準告示＜素形材産業＞
　　http://www.moj.go.jp/content/001288496.pdf

○上乗せ基準告示＜産業機械製造業＞
　　http://www.moj.go.jp/content/001288497.pdf
○上乗せ基準告示＜電気・電子情報関連産業＞
　　http://www.moj.go.jp/content/001288498.pdf
○上乗せ基準告示＜建設＞
　　http://www.moj.go.jp/content/001288499.pdf
○上乗せ基準告示＜造船・舶用工業＞
　　http://www.moj.go.jp/content/001288500.pdf
○上乗せ基準告示＜自動車整備＞
　　http://www.moj.go.jp/content/001288501.pdf
○上乗せ基準告示＜航空＞
　　http://www.moj.go.jp/content/001288502.pdf
○上乗せ基準告示＜宿泊＞
　　http://www.moj.go.jp/content/001288503.pdf
○上乗せ基準告示＜農業＞
　　http://www.moj.go.jp/content/001288360.pdf
○上乗せ基準告示＜漁業＞
　　http://www.moj.go.jp/content/001288365.pdf
○上乗せ基準告示＜飲食料品製造＞
　　http://www.moj.go.jp/content/001288366.pdf
○上乗せ基準告示＜外食業＞
　　http://www.moj.go.jp/content/001288373.pdf
○基本方針
　　http://www.moj.go.jp/content/001278434.pdf
○分野別運用方針
　　http://www.moj.go.jp/content/001278435.pdf
○分野別運用要領
　　http://www.moj.go.jp/content/001279756.pdf
○総合的対応策
　　http://www.moj.go.jp/content/001280353.pdf
○特定技能運用要領
　　http://www.moj.go.jp/content/001289242.pdf

関係資料一覧

○１号特定技能外国人支援に関する運用要領
　　http://www.moj.go.jp/content/001289243.pdf
○特定の分野に係る要領別冊（介護分野）
　　http://www.moj.go.jp/content/001289219.pdf
○特定の分野に係る要領別冊（ビルクリーニング分野）
　　http://www.moj.go.jp/content/001289220.pdf
○特定の分野に係る要領別冊（素形材産業分野）
　　http://www.moj.go.jp/content/001289288.pdf
○特定の分野に係る要領別冊（産業機械製造業分野）
　　http://www.moj.go.jp/content/001289281.pdf
○特定の分野に係る要領別冊（電気・電子情報関連産業分野）
　　http://www.moj.go.jp/content/001289286.pdf
○特定の分野に係る要領別冊（建設分野）
　　http://www.moj.go.jp/content/001289616.pdf
○特定の分野に係る要領別冊（造船・舶用工業分野）
　　http://www.moj.go.jp/content/001289293.pdf
○特定の分野に係る要領別冊（自動車整備分野）
　　http://www.moj.go.jp/content/001289294.pdf
○特定の分野に係る要領別冊（航空分野）
　　http://www.moj.go.jp/content/001289295.pdf
○特定の分野に係る要領別冊（宿泊分野）
　　http://www.moj.go.jp/content/001289296.pdf
○特定の分野に係る要領別冊（農業分野）
　　http://www.moj.go.jp/content/001289222.pdf
○特定の分野に係る要領別冊（漁業分野）
　　http://www.moj.go.jp/content/001289223.pdf
○特定の分野に係る要領別冊（飲食料品製造業分野）
　　http://www.moj.go.jp/content/001289298.pdf
○特定の分野に係る要領別冊（外食業分野）
　　http://www.moj.go.jp/content/001289299.pdf
○外国人材の受入れ制度に係るＱ＆Ａ
　　http://www.moj.go.jp/content/001289367.pdf

○技能実習制度運用要領
　　https://www.otit.go.jp/files/user/300608.pdf
○技能実習計画審査基準・技能実習実施計画書モデル例・技能実習評価試験基準
　　https://www.mhlw.go.jp/stf/seisakunitsuite/bunya/koyou_roudou/jinzaikaihatsu/global_cooperation/002.html
○外国人労働者の雇用管理の改善等に関して事業主が適切に対処するための指針
　　https://www.mhlw.go.jp/content/000493590.pdf

　　　　　　　　　　　　　　　　　　　　　　（内容現在：平成31年４月１日）

●著者プロフィール

杉田　昌平 （すぎた しょうへい）

●弁護士（センチュリー法律事務所）

平成23年弁護士登録（東京弁護士会）、入管届出済弁護士（平成25年～）、日本弁護士連合会中小企業海外展開支援担当弁護士（平成30年度）、名古屋大学大学院法学研究科研究員、慶應義塾大学法科大学院・グローバル法研究所研究員、ハノイ法科大学客員研究員。

外国人材受入れに関する講演・研修を多数行っている。

改正入管法対応
外国人材受入れガイドブック

令和元年5月10日　第1刷発行

著　者　杉田　昌平
発　行　株式会社 ぎょうせい
〒136-8575　東京都江東区新木場1-18-11
電話番号／編集　03-6892-6508
　　　　　営業　03-6892-6666
フリーコール／0120-953-431
URL　https://gyosei.jp

〈検印省略〉

印刷　ぎょうせいデジタル株式会社
乱丁・落丁本はお取り替えいたします。
© 2019 Printed in Japan　禁無断転載・複製
ISBN978-4-324-10645-7
(5108515-00-000)
〔略号：外国人材ブック〕

職場ですぐに使える実践書！
よくわかる働き方改革
人事労務はこう変わる

日野 勝吾・結城 康博／編著

A5判・定価（本体1,389円＋税）電子版 本体1,389円＋税

- ■人事・労務担当者を対象に**働き方改革関連8法を解説！**
- ■「働き方改革」によって**就労環境**はどのように変容するのか、**就業規則や罰則**はどうなるか、などがわかる！
- ■**公務員の働き方改革**にも言及！

社会保障制度全般にわたる基礎的な知識をコンパクトにまとめた一冊！
わかりやすい社会保障制度
～はじめて福祉に携わる人へ～

結城 康博・河村 秋・大津 唯／編著

A5判・定価（本体3,200円＋税）電子版 本体3,200円＋税

- ■社会保障におけるそれぞれの項目（制度）について、その概要をわかりやすく解説！
- ■「子どもを預けたい」「労災を受けたい」「親の介護が必要になった」「年金や生活保護について知りたい」など、自分の生活を想定しながら読めます！

※電子版は「ぎょうせいオンラインショップ」からご注文ください。

フリーコール **TEL：0120-953-431** [平日9～17時] **FAX：0120-953-495**

〒136-8575 東京都江東区新木場1-18-11　https://shop.gyosei.jp　ぎょうせいオンラインショップ 検索